周世逑学术文集

周世逑 著

东华大学出版社
·上海·

图书在版编目（CIP）数据

周世逑学术文集/周世逑著. -- 上海：东华大学出版社，2023.9
　　ISBN 978-7-5669-2257-1

Ⅰ.①周… Ⅱ.①周… Ⅲ.①社会科学－文集 Ⅳ.①C53

中国国家版本馆 CIP 数据核字（2023）第 167429 号

责 任 编 辑　周慧慧
封 面 设 计　曾国铭

周世逑学术文集
ZHOUSHIQIU XUESHU WENJI

周世逑　著
出 版 发 行　东华大学出版社（上海市延安西路1882号　邮政编码：200051）
营 销 中 心　021-62193056　62379558
出版社网址　http://dhupress.dhu.edu.cn/
印　　　刷　上海当纳利印刷有限公司
开　　　本　710mm×1000mm　1/16　　印张　13　　字数　312 千字
版　　　次　2023 年 9 月第 1 版　　印次　2023 年 9 月第 1 次印刷
书　　　号　ISBN 978-7-5669-2257-1
定　　　价　68.00 元

·版权所有　侵权必究·

序1

摆在我们面前的这本书是我国公共行政学界的前辈学者周世逑先生的学术文集。尽管书的篇幅不大,但还是很值得一读。

年轻一代的公共行政学者可能对周先生比较陌生,因为他在20世纪90年代就去世了,其时中国大陆的公共行政学的教学和研究尚处于起步阶段。事实上,1939年毕业于美国哈佛大学公共行政研究院、获行政学博士学位的周先生是我国最早一批从事公共行政学研究的前辈学者之一,也是1949年后留在中国大陆为数不多的行政学专家之一。在后来的三十年里,由于行政学的教学和研究被取消,周先生没能从事与专业相符的工作。而当三十年后行政学的教学和研究恢复时,周先生也差不多到了耄耋之年。尽管如此,行政学的恢复还是焕发了他的学术生命。在标志着我国政治学行政学重新起步的1982年复旦讲习班中,他和夏书章教授一起成为了我国改革开放后行政学研究最早的导师。在他生命的最后阶段,周先生回归了他的专业行列。作为一个专业人士,这是他的不幸,一生最好的时光踯躅于专业之外。这也是他的幸运,他最终侧身为后来者景仰的行政学前辈之列。

本书有两点令人印象深刻。首先是周先生在行政学草创时期所做的努力。尽管书中的一些文章在今天的一些年轻学者看来只是一些基础性的东西,但是,如果考虑到行政学当时还刚刚处于起步阶段,那么这些文章就具有了启蒙的价值。行政学本来就是一门舶来品,当时中国行政学的建立和发展离不开对外来行政学研究的引进和借鉴,这是学科发展差不多都要经历的一个阶段，正如威尔逊在其被认为是行政学开山之作的《行政学研究》中讲到的欧洲行政管理的经验对美国的意义一样。在这里，具有西学背景的周先生发挥了其独到的作用。周先生在一个恰当的时间发挥了他恰当的作用。仅凭这一点，就值得尊重。更值得一提的是，即便在早期引进和介绍西方行政学的同时，周先生就不止一次地提醒我们要注意中国的特点，不能脱离中国的实际去研究行政学。这一点在时隔多年的今天听来依然使人深受启发。

其次是周先生对中国公共行政的现实问题的关注。周先生在引进和介绍行政学基本知识的同时，还致力于对中国行政问题的研究。本书有多篇文章是讨论我国的机构改革的。机构改革对于建构一个（用今天的话来说）"系统完备、科学规范、运行高效的党和国家机构职能体系"来说是至关重要的。周先生赶上了前几次的机构改革，他显然注意到机构改革对我国行政管理的重要性和意义，因而从学者的角度尽可能对这一改革做出智力上的贡献。在这一点上，周先生也给后人起了一个示范作用。

物换星移，从复旦讲习班至今，四十年一晃而过。这四十年，尤其是进入新世纪后的时期，是我国行政学（公共管理学）大发展的四十年。可以告慰周先生的是，行政学的研究早已走过了引进和借鉴（这一点当然还是要继续的）的阶段，而进入了比较、创新和发展的阶段。今天，具有中国特色的行政学（公共管理学）的教学和研究正在展示着其强大的生命力和辉煌的未来。抚今思昔，作为后来人，我们格外感恩像夏书章、周世逑这样的前辈学者。而对于我们来说，只有踔厉风发、努力前行才不负他们的期望。

是为序。

竺乾威

复旦大学国际关系与公共事务学院教授

序2

2023年，是我国行政学、管理学、政治学的先行者，中国行政管理学会第一届理事会学术顾问，周世逑教授诞辰110周年；又是我国行政学恢复研究40年。东华大学组织征集、挖掘、编辑、整理、出版周世逑先生的学术文集，这是公共管理学界的一件大事、喜事。

周先生是上海人，祖籍在浙江湖州的南浔。那是一个名人辈出的地方。我在拙著《中国最后一个状元相国陆润庠》写作中曾经为寻访陆润庠的墓地专门到过南浔，听当地人说起周世逑先生的祖父周庆云，在清代是一位相当成功的商人，也是一位非常有名的文人，著作等身且藏书颇丰，据章太炎记载，周宅有书籍"十余万之多"。周世逑先生早年先后考取清华大学和哈佛大学，也属"状元"级人物，这是其家学渊源与本人奋斗的结果。在改革开放后，周先生老骥伏枥，为恢复重建行政学，促进国际学术交流，推动成立中国行政管理学会，立下汗马功劳，终成学术界享有崇高威望的一代大师。

透过这本文集，我们仿佛参与了八十多年来（收录最早的一篇论文发表于1940年）中国行政史的风云际会，看到了一代前贤潜心典籍、孜孜不倦的高大背影，听到了行政学研究从涓涓细流汇成滔滔江湖的奔腾足音……捧读这本书，我有三点突出体会：

一是知行合一。周先生是在美国攻读并获公共行政硕士与博士学位的，其"知"是西学，而学成归国后"行"于中国大地上，"知行合一"对他来说挑战是天然的、与生俱来的。纵观本书，周先生以自己的方式找到了知行合一的答案。我的理解就是"学以致用"和"致良知"。周先生擅长将马克思主义基本原理、各国先进的行政管理理论和实践与中国改革开放实际相结合,擅长挖掘中华优秀传统文化以为丰富当代行政管理研究所用。比如,周先生曾提出我国行政学要搞好四个结合,向大学科发展:一是和政治学结合,二是和经济学、社会学等其他社会科学结合,三是和自然科学结合,四是和实际结合。他在1986年就提出"公共管理学",认为行政学和公共管理学研究的对象主要是行政部门的管理事务,以及社会众人的公共事务,这一匡定为后来行政学在深化和拓展两个方面发展都指明了正确的航道。如果说,知行合一可以区分为若干层次,那么,"致良知"一定是很高的境界。周先生"三辞美意"的故事(见2021年11月28日《文汇报》所载唐丽萍、陈前的文章《纪念周世逑先生:从"儒商世家"走出的中国行政学大家》)生动昭示了他不仅学问精湛,而且付诸行动,心物相生,家国情怀,把自己的一生献给了祖国的学术事业。

二是穷理尽性。孔颖达注疏的《易经》中有"穷极万物神妙之理,究尽生灵所禀之性",用在本书十分贴切。周先生在《什么是行政效率》一文中探究行政效率是物质的还是精神的,他认为不能简单地将政府组织比作机器,将行政人员比作机器的各种零件,来计算"一座政府机器的效率",而必须认识到政府是一群有生命有意识的人组成的,人是不能以金钱去计值的,真正的效率要看是不是推动了"国家的进步",是不是加强了"维持国防、发展文化"等公共服务。在《一门"被遗忘了"的学科——行政管理学》一文中提出"管理的起点",他反对庸俗的"官本位",把行政管理的起点定在"职位"上,主张行政管理的权力起点是知识和职位的一致性。这种追根溯源、求真务实的学术态度和科学方法,对于解放思想、分析问题、创新理论,具有很强的指导作用。

三是要言不烦。周老先生的文字言简意赅,许多论述发人深省。他老人家在20世纪80年代就将现代政府改革的方向概括为四个字:服务模式。他率先提出行政管理要加强"服务意识",主张"行政管理从旧的模式改变为服务模式",强调"从世界行政动向看我国行政变革",将"政府职能外移化"(指政府职能向市场和社会转移),并提出"智能服务"等重要的、前瞻性的概念,真是目光远大、言辞精要、入木三分。黑格尔说过,对同一句格言,年轻人所理解的意义总不如饱经风霜的老年人所理解的意义广泛和深刻。周先生提出这些"格言"的时候尽管已是古稀老人,尽管这些理念在今天看来显得平常,而当我们体验个中强烈的责任感、厚重的历史感和深邃的洞察力的时候,仍然觉得有着一股强烈的冲击力,这使周先生的行政管理思想具有了恒久的价值,值得当代学人继承,被后世景仰。

高小平

中国行政管理学会研究员,学术顾问委员会委员

前　言

一、周世逑先生生平简介

周世逑先生（1913年9月24日—1997年6月21日）是我国管理学、政治学、行政学界的著名学者。周先生于1913年出生于上海，原籍浙江吴兴（今湖州南浔），他的家族是清末民初南浔"八牛"之一周家。祖父周庆云是近代著名民族资本家，在诗词、古琴、金石收藏和社会慈善等方面亦多有成就。世守儒风的周家，在多财善贾的同时非常重视子嗣的教育，培养出一大批才智之士，其中不少有海外留学经历，回国后成为各界翘楚。

周先生于1932年考取清华大学法学院政治学系，攻读市政管理专业，毕业后赴哈佛大学公共行政研究院（肯尼迪政府学院的前身）深造，于1939年获公共行政硕士、博士学位。1940年回国任教于西南联大，主讲公共行政学、工商管理学等课，并兼任西南联大行政研究室副主任，主持和指导行政效率研究。

1954年7月，周先生被调至我们党领导成立的中华人民共和国第一所纺织高等学府华东纺织工学院（今东华大学）任教，开始任企业管理教研室副教授、教授，后来担任管理工程系教授及纺织管理工程学科带头人，组织编写我国第一本《中国纺织企业管理》专业教材，参编《辞海》（纺织学科），编译多份国外纺织科技资料，引进国外先进管理经验，为推动纺织工业管理现代化作出了杰出贡献。周先生曾任校图书馆第一任馆长，校学术委员会第一届委员，校科学工作委员会第一届委员。

改革开放后，周先生为我国行政学的恢复、重建与发展作出重大贡献。1979年3月，邓小平同志在党的理论工作务虚会上指出："政治学、法学、社会学以及世界政治的研究，我们过去多年忽视了，现在也需要赶快补课。"响应邓小平同志的号召，周世述与张友渔、夏书章、丘晓等老一辈政治学与行政学者一起大力呼吁、提倡恢复、发展行政管理研究，强调"把行政学的研究提上日程是时候了"。1982年，周先生在《百科知识》第4期上发表了呼吁恢复行政学的文章《一门被忽视了的学科——行政管理学》；同年，周先生和夏书章先生作为全国第一期政治学讲习班行政管理课程的两名主讲教师，为我国培训了中华人民共和国成立后首批行政学教学科研骨干；1984年，周先生出版了我国改革开放以来第一本行政学著作《行政管理》；1985年作为我国5名代表之一参加首届联合国文官制度改革研讨会；1987年主编《中国大百科全书·政治学卷》行政学部分；1988年担任新成立的中国行政管理学会第一届学术顾问。此后，周老一直活跃在我国行政学与政治学界，直到生命的最后一息，对改革开放后我国行政学学科重建以及中国特色社会主义行政管理学研究作出了毕生贡献。

二、《周世述学术文集》内容介绍

《周世述学术文集》分为行政学类论文、纺织类论文（包括译文）、其他类三部分。文集收录的行政学类研究论文共17篇，最早的一篇论文是发表于1940年的《什么是行政效率》，国民党政府的腐败和不讲行政效率促使周先生很早思考国家治理和行政效率问题，改革开放后周先生在多篇文章中强调行政效率的学术研究价值，提出要把行政效率放在行政管理的核心地位，提高效率是我国行政管理体制改革的突破口，行政效率应该是行政管理研究的出发点，也是归属点等观点。行政学类的最后一篇论文是发表于1995年关于中国当代行政管理现代化问题的探讨，在此篇论文中提出为了外应国际公共管理发展的趋势，内应我国行政现代化的要求，要开创"中国公共经营管理"研究，此观点具有前瞻性。周先生一直倡导建立具有中国特色的行政管理学。他认为，所谓具有中国特色的行政管理学必须根据中国实际，着力研究中国行政管理的基本特征，要突出理论体系，要体现民主与集中相结合的原则。他又提出要在我国建立与市场经济配套的行政体制，参照借鉴外国有益的经验，使中国行政能逐步与国际行政接轨。改革开放后我国行政学属于初创阶段，当时的行政学研究有点像"什锦炒饭"，还很不成熟，周先生认为这是必经阶段，相信慢慢会成熟起来，关键是要扎扎实实做好打基础的工作，不能总走照抄外国、拿来主义那条老路。他指出中国行政学研究绝不回避中国的现实，要能解决中国的实际问题。文集收录的17篇行政学论文研究主题涉猎广泛，内容非常丰富，涉及行政管理的系统分析、行政管理的服务模式、行政效率、行政机构改革和行政职能转变、人事制度、事业单位体制改革等，这些议题都是当时中国需要回应和解决的重要现实问题，周先生的真知灼见即使放到今天仍然具有重要的启示意义。

《周世逑学术文集》收录了5篇周先生撰写和翻译的纺织科技和纺织管理方面的论文。改革开放前我国行政学教学和研究被取消，周先生在华东纺织工学院（现东华大学）主要从事的是纺织企业管理教学与科研工作。从宏观的行政管理跨行到微观的企业管理甚至是纺织企业管理、纺织机械企业管理，这对任何一位学者来说都是个不小的挑战。周先生在教学和科研工作中充分发挥精通外语的特长，编译多份国外纺织科技资料，引进国外先进管理经验。周先生撰写《最近国外棉纺样板厂发展动向》等文章，针对我国纺织企业技术和管理落后的现状，主张为了实现我国纺织工业现代化，可仿效欧美各国走建立纺织样板厂的捷径，推动各厂技术改造。在纺织工业部于石家庄召开的专业工作会议上，周先生作了专题介绍，其建议得到与会专家和领导的赞同，石家庄会议后全国建立起来的20余家的棉纺织样板厂为全国的纺织业起到了良好的示范作用。周先生的科学研究为推动纺织工业管理现代化作出了杰出贡献。

周先生曾任校图书馆第一任馆长,他撰写《图书资料工作的系统研究》一文,提出要将系统管理方法运用到图书资料管理中以改进和提高图书资料工作的质量和效能。周先生也为 V. 奥斯特罗姆的《美国行政管理危机》中译本作序,在序中强调研究中国国情的同时,也要了解、掌握国外行政动态,来自国外行政研究方面的各种动态可为我们提供信息、丰富知识、开拓思考、参考借鉴。晚年的周先生更是奖掖后学、提携后进,撰文推荐唐代望编著的《现代行政管理学教程》教材。文集的"其他类"这部分收录了上述三篇文章。

2023 年是周世述先生诞辰 110 周年。两年前我们已进行了收集和整理周先生文章的工作,周先生诞辰 110 周年之际,在前期征集、挖掘、编辑、整理的基础上,我们出版周世述先生学术文集以致敬先贤,继承和弘扬周世述先生的学术思想和学术成果。在收集和整理周先生文章的过程中我们仿佛看到已逾八旬之年且身患癌症的周世述先生仍以极大毅力在坚持工作的身影。他曾在接受期刊杂志采访时说:"我搞了大半辈子管理学,现在好不容易盼来了这一天,怎么能不为建立和发展具有我国特色的行政管理学竭尽绵薄之力呢?"正是这种源于初心的力量支撑着他一直活跃在我国行政学与政治学界,直到生命的最后一息。在收集和整理周先生文章的过程中,我们也深感今天行政管理学科发展的累累硕果,印刻着周先生那一代学人的远见卓识与无私奉献。新的时代使命需要广大行政学者立足于从我国改革发展的实践中挖掘新材料、发现新问题、提出新观点、构建新理论,为加快推进新时代中国特色行政管理学科发展砥砺奋进。周世述先生的学术思想是留给中国管理学科的宝贵精神财富,也是激励东华人的强大精神动力。是以此前言向先生致敬!

唐丽萍
东华大学人文学院公共管理系主任

目　录

序 1

序 2

前言

一、行政学类论文

003　什么是行政效率

009　行政管理系统工程

014　一门"被遗忘了"的学科
　　　——行政管理学

022　试论行政管理的系统分析

031　浅论行政机构的改革

040　社会主义行政管理的重大发展
　　　——试论我国行政管理改革中的模式问题

047　努力开创行政和人事工作的新局面
　　　——祝上海《行政与人事》创刊

052　行政管理学的基本概念

060　中国行政管理改革的新形势
　　　——略论行政改革的不可逆转性和不平衡性

067　国家行政管理必须面向服务

074　在治理整顿中，必须大力加强宏观管理

079 行政体制改革的重要组成部分
　　——事业单位体制改革和农村基层政权建设
　　——兼论如何探索中国式行政体制改革

084 当前事业单位体制加深改革的基本思路

089 论中国行政体制改革

091 关于建立有中国特色的行政管理学理论体系的若干问题

098 从世界行政动向看我国行政改革
　　——兼祝《行政与人事》出版100期

100 中国当前行政管理现代化问题
　　——对开创"中国公共经营管理"的看法

二、纺织管理类论文

107 论棉纺企业劳动生产率的计算方法
　　——关于采用"劳动折合产量"指标解决劳动生产率计算中的品种比差问题的刍议

130 最近国外棉纺样板厂发展动向

142 纺织生产管理中的决策问题

157 棉纺系统的限度

169 螺旋梳理工艺

三、其他类

177 图书资料工作的系统研究

187 喜看行政管理学百花园中一朵奇葩
　　——推荐唐代望编著的《现代行政管理学教程》

189 为《美国行政管理危机》中译本写几句短语

后记

一 行政学类论文

什么是行政效率[*]

"行政效率"一词,见于党国要人的演讲,见于大学教授的文章,也见于新闻记者的社论,其习用流行的程度不可不谓广大。如此习用流行之所以然,不外国人趋向的转移,以及战时事实的需要。大抵近年来,国人渐觉政治改革之空谈无益,不若行政建设之实际有效;于是转移方向,不仅是为了挨挨厌腻的空气,也就是想借以开辟几个"用武之地"。可是抗战以后的情形就大不相同了!军事胜利,固属第一,行政进展,却须配合;迫于事实的需要,人力不能不充分地利用,物资不能不积极地保存。无论为国人注意之转移,或是战时需要之迫促,其结果必然重视行政效率之讲求与行政效率之增进。

然而,怎样讲求行政效率,怎样增进行政效率,尽管在高谈阔论着,我们不能不感觉诧异的就是:对于这个基本问题——"什么是行政效率"却很少予以严重的注意,更似乎无人加以适当分析。

关于什么是行政效率这个问题,普通所见的总不出两种解答:即一是"经济说",另一是"物质效果说"。两者的理论,似乎都不甚正确,或竟可说完全错误,我们愿先分别加以论述,然后建议一个比较令人满意的说法。

为便于讨论,我们在此先提出后一种理论。主张"物质效果说"的,以为行政效率的唯一目标在求最大的物质效果,或是以最小的物质牺牲来换取最大的物质效果。从他们的理论可看出,行政效率是物质的,而不是精神的;是机械的,而不是观念的。他们觉得整个的政府组织,不过是一

---

* 周世逑:《什么是行政效率》,《今日评论》1940年第4卷第7期,第106-108页。

座平常机器；所有的行政人员，也莫非这座机器的各种零件而已。在他们心目中，一座政府机器的效率，就由这机器直接产生的有形的、物质的效果来决定；反之，如果所产生的有形的、物质的效果十分稀少，也就可推论这政府机器的效率是根本微弱的。

"物质效果说"显然是政治学里面的国家有机体论和近代工商管理中的实业效率说交合而出的产物。我们认为这种理论至少有两个缺陷：首先，政府组织之比作一座机器，在研究方法上说虽无不可，但这根本否认了所谓人是政治中的一个重要因素，即使政府是一座机器，也绝不像电气马达或是纺织机器那样简单，因此，其管理也绝不像电气马达或是纺织机器一般便当。大抵政府是不能脱离人的（其团体是人的结合，其活动是人的表现），而人又是不能没有意识的。人的意识不断地影响着政府活动，则由此所生的效果便也无法加以控制了！譬如我们放出去相同的代价，经过一个长长的政府程序之后，我们取回来的却是不同的效果；所以行政效率并不是被决定于一座机器，而是被决定于一群有生命有意识的人的。

其次，若谓"物质效果"即构成了行政效率的全部，则不啻藐视了政府的价值，也反悖了现代的事实。所谓"物质效果"，如果我们并未错认，其含义一定指由国家公务所产生的一些有形的利益，和可测计的价值；这种解释显明地已把所有无形的利益，和不可测计的价值悉摈弃在外。且依现代趋势，政府所执行的公务大多数属于后者，只有极少数才真正是属于前者的；这个事实的存在，是为了配合着国家的进步，也可以证实各国预算的内容。据此，凡以为可专顾物质效果而可不管非物质效果的，都是一种曲解，都是一种危言。政府要办如修筑道路、建造水厂一类的事情，我们故须尽量拥护，但因为没有有形的利益或没有可测计的价值，而忽略了如维持国防、发展文化一类的要政，则其结果岂不成了"国将不国"的现象了吗？

比较"物质效果说"来得简单，但却一如"物质效果说"那样不正确，是这里要论及的"经济说"的理论。主张"经济说"的人对行政效率的看法,大致可以"效率等于经济,经济等于效率"一个公式去代表。这种理论的出发点,以为资源在任何一个国家本不是无穷尽的,用政府力量去取得的必有其严格的限度,故为执行公务而消耗尤应极力地俭省。又有一点为他们所公认的,即是这些行政所需的资源,无论其为何种性质,都恰如商业上的成本:无论其取何种形态,都可以金钱去替它计值。归根结底,他们所谓"经济"并没有什么深奥的含义,实在也就等于说要减轻成本、节省费用,而在这个经济观念所筑成的基础上,便契合着他们的所谓"行政效率"。

探究"经济说"的成因自然有几个,大抵一方面可说是战时一般大众倾向保存资源、减少消费的一种心理的反映,另一方面则有少数经济家(特别是自由主义的经济学家)想利用企业经营的原则,来约束国家公务的发展的一种企图的表现,但不问这种理论是否发生于自私的或非自私的背景,我们对之只是不能"苟目所见",因为这种理论仍然不能摆脱其自身所有的两个疑惑。一则,"经济说"的论者把"行政效率"和"经济"或"经济化"混成一谈,便是没有明白国家公务和私人企业根本不同的道理。我们必须承认私人企业之重视成本,乃由于营利赚钱一个基本动机所致;惟其为追求利润,故不得不要设法减少成本。但是国家公务的一个重要目的却是公益服务;如果有益于公众,即使任何代价也得去化。我们以为成本绝不是,也不应该是看住国家公务唯一的决定因素;反之,在一切行政过程中,我们诚然要相当地考虑经费是否经济,不过同时也要顾到手段是否正当,方法是否公平,以及结果是否损人害公。凡此种种大都为一般企业家所忽视,然而自政府当局看来,却成了执行公务所"不可或缺"的种种考虑了!实际上,行政效率假使摆脱了这些考虑以后,也就必然地无从去了解,无法去探知其真义。

再则,"效率即是经济"这个狭隘观念如果移植到国家公务上面去,尚不免一种畏怯的副作用,这又为"经济说"的主张者所根本没有见到。一个以"经济化"为口号的政府,往往可以变成一个事实上最浪费的政府。大抵所谓"经济"或"经济化"最重要的两点，即如我们所说"减轻成本"和"节省费用"，为实践这两点，于是不惜减削行政人员的薪水，以及其他行政上必要的消耗。其结果弄得政府之中群相离散，最后所剩的只是一些庸碌不堪的份子，即使尚有三数比较优秀的人员，也因缺乏正当经费，不能有所施展，以至于"百政皆废，万务不治"，一切"自以为"经济化的理想，不必因而可得相应的效率的事实，但以一种"歪曲"的经济论说来贯彻行政，未有不产生相反的浪费的效果！

上述两个理论都不健全，迫使着我们寻求第三种说法。"什么是行政效率"这个问题的答案，要足以令人满意的话，我们以为必然要符合下列两个先决条件。第一，正如我们前面提到，在观念上政府行政可以，而且应该和企业经营截然分家。在相当范围内，商学或经济学里面的原理是不好引用于行政上面去的，但我们不能因此就索性把行政和企业之间的界限打破。第二，行政效率必须配合着行政本身的目的。任何一种事务的效率，不过说明着其目的具体化到了什么程度，故凡以为效率可与目的脱离关系的都是玄虚之谈。

人类之组织国家，是基于满足共同需要和实践大家愿望的一种企图的，而政府即是为达到这种企图而创设的机构，行政乃是为达到这种企图所必要的手段。我们以为行政的最终极的目的，不但在供给仅仅若干公务，亦且更重要的在供给若干"至善至美"的公务，这个"至善至美"的行政目的，在其实现过程中的表现的程度即是行政效率：譬如我们说某种公务如何善美，便是指称这种行政如何有效。但是怎样才算"至善至美"呢？如说即是"花钱最少"便与"经济说"一般无二，如说即是"产生有形的利益"便和"物质效果说"没有区别。这些观念并不足以包括"至善至美"四字的解释，而我们所谓"至善至美"应采广义的或社会的看法：政府之执行公务至少在理论上，是以全社会全人群为其对象的，则行政之是否"至善至美"，必然要根据着一切社会标准去加以评定。

行政的观念是社会的，然则效率的观念也应该是社会的。在一切之先,我们以为行政效率是一种满意,特别是一种全社会人群的感受的满意。但这种社会满意应该分成人民的满意和公务人员的满意来说,人民是站在老板兼作主顾地位的,自然一切公务必先要求他们的满意;虽说公务的销售是强迫性的,但他们尽可设法去避免投资,因而即使公务无法进行。同样,公务是不能脱离公务人员的,所以这些人员也有权去要求从公务中取得满意;特别因为他们的态度、兴趣等,可以直接地支配着公务执行的成果,则除非他们自己感到满意,行政效率便绝不能凭空产生。我们不必否认从人民或公务人员看出,满意必然地归根于他们所要求的行政效果和利益,但这些效果和利益可为物质的、精神的,也可为有形的、无形的。大抵社会满意引起行政效率,同样地行政效率也引起社会满意,如此循环相依,没有其一便不会发生其他的一个。

但社会满意必是有其代价的,这种代价便是求得行政效率所化的消耗和牺牲。因此我们不能不兼顾社会牺牲。所谓社会牺牲,正如社会满意一样,必须分别成为直接的和间接的两种牺牲。上一种牺牲是直接地加到行政程序上面去促使行政效果发生的,便等于一种不可缺乏的原动力。一切行政必然需要着人力的管理,需要着物力去补助,更需要着财力去维持,凡此种种人力的、物力的、财力的消耗,都是必要的、直接的牺牲。但下一种牺牲,即是间接的牺牲却不大相同了!他不是发生的,而是引起的;他也不是有意的,却是意外的。譬如政府工人因发动一座机器而误伤了他的手臂,又如公司商铺因缴付所得税结果耗去了一部分可作基金的钱款,这些伤害、损失,无论其为物质的或是精神的,也无论其为有形的或是无形的,我们都以为是间接的牺牲。如果行政效率与社会意义的关系是正的,即是社会满意大而行政效率也大;则行政效率与社会牺牲的关系应说是相反的,即是社会牺牲大而行政效率却变小。反之亦然。

这种对于行政效率的看法本没有什么名目,我们姑且叫它作"社会价值说"。

总之,我们以为行政效率不是物质的(如"物质效果论者"所说),

也不是经济的（如"经济论者"所说），而是社会的。换言之，即是效率的最终目的在于以可能最低的社会牺牲来取得可能最大的社会满意。但我们必须注意这个关系：凡社会满意之增加大概率不是无穷限的，限度既达以后，则任何一切牺牲不能使其更增；同样地，社会牺牲之减少也必有它的限度，有时虽可超过，但非花一个极高的代价是不可的。我们可能求得一个合理的行政效率，但人间永远不会有一个绝对的行政效率。

行政管理系统工程＊

这个命题可能会有争议，现在暂先不作解释。行政管理系统工程，是个新问题，系统工程学科正式建成，还只有短短二十三个年头，它是个新趋势，系统工程学科发展迅速，现在已经遍及十四个门类，它是个新起点，用系统方法来研究行政管理，从现代化建设看是个新的起步。但是，总的说来，它还只能说是一个新的尝试，许多问题正有待于进一步探索。我想就下面几个问题谈一点看法。

首先，谈谈为什么要提出行政管理问题。行政学是政治学的一个较晚的分支，大约从20世纪30年代初期才正式从政治学中分出。行政学是研究行政现象的规律性问题的，包括行政组织、人事、程序、方法等。这些都是一般行政管理的共同对象，专门行政管理（如内政、外交、司法、教育），还有各个领域所研究的特殊对象。但是，所有行政管理的核心问题是效率。行政效率是导源于机械效率的概念，也就是效率指出力和人力之比。投入多少能量，出产多少能量，两者常不相等，其比例就叫效率。行政效率的概念却没有这样简单，因为有些是有形的，有些是无形的，而且用什么指标来衡量效果，往往存在很大、很多、很久的分歧。例如，城市行政效率采用什么指标，过去一直是用婴孩死亡率，但长期来有争论不得解决。行政管理既要考虑投入的人力、物力、财力，又要考虑有形、无形、直接、间接的效果。所以效率应该是效益和消耗之比。这个效率概念为大多数学者所接受。

＊周世逑：《行政管理系统工程》，载于浩成、许崇德、陈为典等《政治与政治科学》，1981，第75-79页。

值得人们注意的是，为什么我们行政管理效率不高。举个例子来说，有个单位要解决住房紧张问题，从征地到盖房共盖了129个章，经过23个机关批准，经历时间长达两年半，这虽是个别的现象，但问题不是很值得深思吗？那么什么原因造成行政效率低落呢？我认为就其主要原因来说，一是社会不重视。三十年前出版过一种刊物叫《行政效率》，当然观点不对、水平不高，但这些属于另一种问题。现在连行政效率都很少提到了，社会不重视不能不算是主因之一。二是学科未建立。行政管理学科被忽视了三十多年，搞行政管理的人大都已不在，幸存的为数不多的几个，也都改行了。先要有一支队伍，再要有一门学科。行政机关机构重叠，人浮于事，程序冗长，手续繁琐，方法落后，这些难道不是行政效率不高的表现吗？因此，改革行政管理，提高行政效率，应当是当务之急、急中之最了！

其次，谈一下什么叫作"行政管理系统工程"。有人说，行政管理是上层建筑，怎么可以称之为"工程"，有人说，行政效率有点虚无缥渺，工程是非常具体的东西。什么叫作"工程"？凡是人们用对客观世界的认识来改造客观世界的都叫"工程"，所以生理学、心理学、遗传学等都是工程。为什么行政管理不能叫"工程"？行政学是一门学科，它以研究行政活动的规律性为对象，根据其这种规律性的认识来改造行政工作。当然行政管理这门工程，和自然科学、技术科学那些工程不同，因为它一般地不直接创造财富，但它产生的效益却影响整个社会经济。从这点意义说，它比科学技术那些工程可能更复杂些。

要弄清什么叫"行政管理系统工程"，还要说明一下什么叫"系统""系统工程"。系统，就是两个以上相互依赖、相互作用的部分，结合到一个预定的目标或职能上去，构成一个完整和有机的整体。这里强调的是整体，是各部分所构成的整体，是各部分在整体中的协调，是各部分对整体所起的作用。"整体"两字不能理解为通称的集体，而是数学中集合论所讲的总体，包括 $\cap$（交）、$\cup$（并）、$\in$（含）等概念在内。行政管理作为一个系统来看，职能就是执行某项政策规定，并加以规划、组织、指挥、控制、协调。构成就是按行政机构的目的要求，包括设置机构、人员、程序、方法等。一个系统从动态看还有三个方面，即输入、转换、输出。通常由六个元素所构成，即人、物（物资、设备、资金）、事（任务、信息）。行政管理中同样具有这些元素，其中特别重要的是信息，如行文、档案、报表都属之，将来档案工作现代化以后，还要采用电子计算机代替人工，来进行储存、检索、计算等工作。

它还具备四个主要属性，即集合性（任何行政机关都由各部分集合而成，如部由局、处、科等组成），相关性（各部分既有不同的具体作用，又有密切相关、不可分割的联系），目的性（各部分单一的目的性，不同于整个系统的目的性），适应性（行政系统存在于一定的环境之中，必须保持对环境最佳的适应状态）。

系统工程，就是人们根据对系统的认识，对各组成部分分析、评价和综合，从而设计出一个最优的行政管理系统，并对之进行控制和加以管理，利用有效的行政手段来实现系统目标的全过程。因此，系统工程主要分成三个阶段，即系统分析、系统设计和系统控制。目前，有些行政机关设置不合理、不健全，主要由于没有按照系统原理来组织，以致不能发挥出最优的作用。

再次，谈谈行政管理系统中的几个问题。要把一个行政机关建成最优系统，必须注意和做到以下几点：

1.行政组织合理化。行政管理系统的具体建立，有一个科学的逻辑推理程序，就是先定明确的目标，即行政机关设置的职能，然后依目标去寻找达成的办法，在许多可能方案的对比中，选出一个最优或"满意"的方案，作为制定机构的最后决策。这里要注意两点：一是在制定机构过程中有反馈，就是要不断检查、对照和改进；二是制定的行政机构用模式表示，以便发现哪些是重复的、不必要的。行政管理机构的模式，大部分属于图表式模型。

2. 行政人员专业化。行政管理的专业性强，行政人员也必须专业化。在美国，从20世纪20年代就开始实行终身职业制（life gareer），有固定的功绩制（merit system）和迁升线（promotion line）。英国、日本、西欧也都规定了文官制度，使行政人员待遇受到法律保障。最近，中央提出干部年轻化、知识化、专业化，是完全正确而十分必要的。为此，不仅要树立一个制度，使之成为制度化，而且还要成立一个法，使之成为法律化。行政公职要有行政立法，对改善行政有重大意义。

3. 行政程序科学化。处理行政工作要有一套科学程序。必要的环节不能缺，不必要的环节不应列。环节的先后秩序要合理，重复的程序要去除，平行的环节要减少，力求减少会签手续，避免有事大家都管，或是大家都不管。权、职、责的关系要分明，上下左右的分工要明确。行政程序安排得当与否，对发挥效率影响很大，可以采用网络技术，绘制一种网络图，便于组织流程、安排工作，一目了然，还可缩短程序、节省人力、加速流转。

4. 行政方法现代化。行政管理涉及的面很广，有文书管理、人事管理、业务管理、事务管理、档案管理等，内容不一，性质互异，但都有一个方法问题，核心是简化妥善，要求做到简而不疏、快而不乱。行政方法要逐步现代化，一方面利用一些先进设备，如档案检索须有电子计算机；另一方面推行一些定量方法，如应用数理统计、线性规划，解决行文路线、派职问题等。此外，还要改变传统习惯，如用电话代替行文，广泛推行电话会议。言必有信，不靠记录。

最后，还想提一个公共关系问题。这个问题在美国很受重视，从20世纪30年代就有大量著述，目的是加强行政机关与人民的联系。在社会主义制度下，行政人员都是人民的公仆，这个问题当然更重要了。美国机关大都设立公共关系的专职部分，那么我们是否可把公共关系看作行政管理的重要职能？最近，美国还在大量应用行为科学的原理和方法，作为更好发挥公共关系职能的重要手段。行为科学（behavior science）是一门新兴的学科，它以社会心理学为基础，从人的行为动机、目的、反应出发，来研究改善人与人、人与环境的关系。我们要重视行为科学的建立，但要去伪存真，去芜存菁，要把它有益的部分渗透到行政管理中去，更使之和系统工程结合起来，进一步为改善行政管理服务。

总之，行政管理系统工程的研究，目前还只能说是个摸索阶段。系统工程已在许多领域中取得了显著成效，它在行政工作方面的应用也必然是可能而必要的，它将使我国行政工作的面貌大为改变，对改进行政管理工作、提高行政管理效率，都将是十分有益的。我们相信，行政管理系统工程将为新的行政学的建立开辟道路。行政管理系统工程将为行政现代化的建设作出贡献。

一门"被遗忘了"的学科
——行政管理学*

尽管人们每天都在和行政管理打交道，但是行政管理作为一门科学，多年来在我国却没有受到重视。翻阅国内现有的词典类工具书，竟然查不到"行政管理"这个词，似乎已处在"被遗忘了"的地位。直到最近，由于形势发展的需要，它才引起了人们对它的注意，这也绝不是偶然的。

为什么要研究行政管理学？

从国外情况来看，第二次世界大战以来，行政管理已成为许多国家公众关注的中心问题之一了。这是因为近几十年中，剧烈的社会变革正在冲击着世界的几乎每一个角落，各种社会力量之间的对比关系发生了许多深刻的变化，社会、经济、科学技术等方面的急剧发展已使过去各种传统的、旧式的行政管理越来越不能适应现实生活的要求，从而促使人们努力去探索把行政管理和现代科学更紧密地结合起来，以求得社会生活中各种各样的行政管理问题能够依照科学的规律获得更恰当的处理和解决的途径。

1966年，一位美国的管理学家D. F. 杜拉克写了一本题为《有效的管理者》的书，这是现代行政学者研究如何改进管理效率的第一部专门著作。在这以前，行政学著作中讨论的都是有关管理的原理问题，而几乎没

---

* 周世逑：《一门"被遗忘了"的学科——行政管理学》，《百科知识》1982年第4期，第12–16页。

有注意过管理的有效性问题。杜拉克在写这部书之前，曾应原美国国防部一位副部长之请，对美国联邦政府的高级官员们作了一次公开演讲。据他自己说，这次演讲竟出乎意料地被当作了崭新的见解，引起了人们极大的兴趣。于是他便把这些意见写出来，成了上面提到的那本书。它出版后的15年中，曾是世界上最畅销的名著之一。

人们关心行政管理问题，还因为在现代社会中，行政管理同每一个社会成员的日常生活的关系日益密切，那种"帝力于我何有哉？"的时代早已成为历史的陈迹了。在社会主义社会里，国家是社会生活的组织者。今天，一个人从生到死，衣、食、住、行，学习文化，参加劳动，进行各种社会活动，哪一件也离不开行政管理，小到一个居民报个户口、领张票证，大到一个地区乃至全国性的经济建设、国防部署，等等，都需要通过一定的行政管理才能实现。目前，随着国家职能的扩大，行政管理对整个社会生活的影响也在不断增长。要把社会生活组织好，必须不断提高行政管理的质量。我们在日常生活中，常常会碰到这样的事：身体不舒服，上医院看病，这里那里都要排队，看一次小病就得花上大半天，于是我们就会埋怨医院工作效率太差；乘公共汽车上班，碰到路上交通阻塞，弄得上班迟到，我们就会指责交通管理混乱。这些也都是行政管理问题。可见，行政管理水平的高低，也会直接影响到广大群众的生活质量。

行政管理的两种观点

行政管理问题是人类社会发展到一定阶段才产生的。随着人类社会生活的发展和复杂化，在人们的政治活动中，出主意和执行开始有了分工，这种分工由不明显到明显，行政才逐渐从政治中分离出来，从而有了相对独立的意义。在马克思、恩格斯等的经典著作中，很早就把"政治"和"行政管理"作为两个有区别的范畴提出来了。

1887年，美国政治学者，后来曾任总统的威尔逊发表了一篇题为《行政研究》的文章，首次提出了现代行政管理的概念。此后，西方行政学者在相当长的一段时期内一直认为，在政治制度中，有两种基本的政府职能——国家意志的表现和国家意志的执行。前者是政治，其主要作用在于制定国家政策；后者是行政，其作用在于执行国家政策。两者可以明确地区分开来。

然而，在20世纪50年代之后，在风行一时的美国行政学各派学说之中，又出现了一种共同的看法，即认为行政同政治并不能截然分开。这是因为现代行政问题的核心是决策问题，即针对问题提出、选择和决定行动方案。但是随着现代社会生活和科学技术的发展变化，国家事务越来越复杂，各种行政决策在科学上是否可行、是否恰当，已成为十分现实而尖锐的问题。例如，国家采取某种人口政策、改革某种价格政策、制定某种环境保护措施、发展某种武器系统、对政府机构进行某种改革或调整等，是否符合客观规律的要求？可以有一些什么样的方案？怎样选择其中的最优化方案？执行之后的综合效果怎样？所有这些，已经不是几个政治家凭着一般的政治理论和实践经验就能够确定得了的。这需要经过专门训练、具有科学技术知识的行政家一起来参与决策工作，从科学、技术管理等各个方面，进行综合研究和论证，最后才能确定下来。正是由于大量行政人员参与决策，又产生了一个新的问题，即所谓"行政中的政治"问题。正是在这个意义上，行政似乎又同政治结合在一起了。

概言之，"行政管理"是国家职能的一个重要方面，是为了执行和在某些情况下参与制定有关方针政策而有组织地、协调地进行的一系列管理活动的总和。这一系列活动主要包括计划、组织、用人、指挥和控制等几个方面。实际上，任何社会组织的办事机构，都有行政工作，也必然有管理活动。因此，行政管理这个概念也可以沿用到一切社会组织。

系统分析与行政管理

现代行政管理学的一个重要基础是系统分析的理论和方法。系统方法要求不是从局部出发去研究复杂的、多层次的、运动着的事物，而是把构成这类事物的各项因素如实地看成一个整体，看成在一定的时间和空间范围内运动着的一个系统，把它的各组成环节联系起来进行全面分析，不仅定性地，而且主要是定量地确定它们之间复杂的相互关系，从而把握这一事物的本质。现代行政管理学就是要用这样的方法来分析行政管理问题，研究它的运动规律，从而明确行政目标，提出行政实施方案和办法，选择最优化的对策。

恩格斯曾经指出过："世界不是一成不变的事物的集合体，而是过程的集合体。"这里所说的"集合体"就是系统，而"过程"就是系统的各组成部分之间的，以及同诸外部因素的相互作用和整体的发展变化。

行政管理作为一个系统存在于人类社会生活之中，受社会中各种因素的制约，同时又服务于社会。从动态来看，它同整个社会是按照"输入——转换——输出"的方式相互发生作用的。所谓输入，就是社会向行政管理提出的要求以及各种社会力量对行政管理的支持或阻碍作用的总和；所谓转换，就是行政管理部门把针对上述因素而决定的方针、政策变为具体的行政方案和行动部署；所谓输出，就是将行政方案和行动部署付诸实施，向社会提供各种特定的公共服务。行政管理部门必须随时了解这种实施和服务的实际综合效果。在提供服务的过程中，必须收集在实现行政管理最终目标方面的有效程度高的情报，并根据这种情报随时调整、校正自己的方案和实施办法，以求最大限度地提高上述有效程度，这就叫反馈。

"管理的起点"

1973年，美国一位管理学者开培尔在国际管理学会上提出了一个论点。他认为，从行政管理的角度来说，权力可以分为两种：一种是来自知识的权力，一种是来自职位的权力。他认为这两种权力应当是一致的。这也就是说，有实权的人没有管理知识，或有管理知识的人没有实权，都会损害行政管理工作的质量。他又认为，所谓知识权力，首先来源于掌握管理原则，不懂得这些原则，也就谈不到知识权力。后来西方不少管理学者就把这些原则称为"管理的起点"。

所谓"管理原则"，在各派管理学者之间，也有不同的看法，但大体上说，下面几条是多数学者都比较同意的：

（1）建立一个行政管理部门或机构，必须以共同的总体行政目标为基础。也就是说，一个部门或机构，从总体上说，只能管目标同一的事。把相互之间没有必然内在关联的几件事，硬要放到同一个部门管辖之下，是不能把事情办好的。

（2）同类性质的行政活动，必须归纳到同一个管理单位中去。否则，同一件事，你也有权管，他也有权管，结果要么彼此冲突、扯皮，要么互相推诿、谁也不管。

（3）授予一个行政管理单位或职位的责任和权力必须相当。有职无权或有权无责的情况都必然会损害行政管理的质量。

（4）一个行政组织中的下属人员，只能由一个上司来领导。多头领导往往是产生摩擦、矛盾等弊病的一个重要原因。

（5）每个领导者都有一定的"管理幅度"，即有限的直接下属人数，超过这一幅度，就会出现领导者"顾不过来"的现象，从而影响行政管理质量。许多管理学者认为，通常一个领导者的"管理幅度"以 7~12 人为宜。

（6）专业性的行政机构，必须区别于职能性的机构，两者不应混同。

（7）在一个行政管理机构内，自上而下的行政命令和自下而上的请示汇报，都要有明确的路线。

（8）在正常情况下，一个行政管理单位内人员的工作关系，应遵循明确规定的级别和层次。只有遇到非常情况时，才适用"例外原则"——越级请示汇报和越级指挥。

我们在日常生活中也会发现，上述这些原则确实是一些明显的道理。管理上出现弊端，常常就是因为没有遵循这些原则办事。譬如，集权要适当，硬把不同类的工作凑在一起，一个部门管不了也管不好，反而造成机构臃肿庞杂、层次繁多、多头领导，影响指挥的单一性。又如，一个领导者本来能力有一定限度，如果所管辖的范围和人数超过"管理幅度"，势必求助于副职、秘书，自己只挂个名，这就必然造成官僚主义。再如，行政管理系统内应当先有职务、再配备人员，也就是因事设人；而不能先派人、后定职位，因人设事。职位是根据行政活动的目标和任务来定的，人员则是根据其行政活动的能力和工作量来定的。工作人员的职与权不相称，工作量的分配不合理，分工不明确，必然引起人员之间、部门之间的矛盾，出现互相扯皮、劳逸不均、人浮于事、无人负责等弊端。

管理的有效性问题

行政管理是以提供社会必要的公共服务为目的的。但这种公共服务的效益往往是无形的。怎样才算体现了行政管理的有效性？这种有效性又可以表现在哪些方面呢？这些曾经是西方行政管理学界热烈争论的问题。根据当代行政管理学家的一般看法，所谓有效性问题可以表现在以下几个方面：

（1）行政管理系统中各种因素的合理组织程度。这些因素主要是人、财、物三个方面。目前，国外对行政人员素质和能力的要求越来越高，各国的政府行政人员都在加速向专门化、技术化、职业化的方向发展。例如：在日本，已有 80% 的政府行政人员是受过大学专业训练的。高效率的行政管理，首先就应表现在使不同素质和水平的行政人员能以最合理的方式组织起来，使每个人都有明确的职守、权限和责任，都能发挥他们各自的长处和主动精神。同时，财和物各尽其用也是十分重要的。行政管理涉及大量财、物和管理工作本身所使用各种的技术装备，如何使它们得到充分利用，发挥其最大效益，是行政管理学中的一个重大课题。

当然，除了上述这些人和物质的因素之外，还有许多非物质因素。如工作人员对工作的态度、其能动性的发挥程度，人与人和人与物之间关系的协调程度，工作人员对于社会环境的反应和适应能力，等等。这些对于行政管理活动的质量都有直接的影响。在上述这些因素中，有许多问题是属于行为科学研究范围的。为了提高行政管理的质量，行为科学在这些方面的研究成果很值得我们参考。西方行为学家认为，协调关系、激发士气是群体关系的重要基础，在这个意义上，非物质因素常常比物质因素更为重要。所谓管理不善、效率不高，除了人与物不能尽其用之外，非物质的因素未能充分发挥作用，人的积极性调动不起来也是一个重要方面。

（2）行政管理流程的通畅程度。行政管理是一个不间断的流动过程，是许多环节衔接在一起的一个统一体，这个过程一般又可分为两个方面：一是人员和财物的流动，可以统称之为物流；另一是信息的产生、传递和处理过程，包括情况汇报、意见交换、命令、指示、决策、行文的下达和执行结果的上报，等等。这些构成了行政管理中的信息流。这两个流动过程是息息相关的。特别是，如果信息传递不及时、不准确，整个流程都会阻塞，造成行政的失误。为了保证流程畅通，一个重要的工作是要努力使流程缩短。行政管理效率的高低，在很大程度上要取决于这一点。如果办一件事，要开无穷的会议，会上漫无边际、议而不决，开成"马拉松"；如果发一个文件，在一个部门里"旅行"一次就要个把月，不盖上数不清的章，画上数不清的圈不算数；如果一个问题在几个有关部门之间被"踢皮球",不踢上多少回合不能作决定;特别是,如果反馈系统不通畅,一个行政措施实施之后,不能及时获得有关实施效果的情报,尤其是不能获得有关其消极效果的情报,那么,是绝不可能有高效率的行政管理的。

(3)所产生的积极的综合社会效果的大小程度。每项行政管理活动都会产生一定的综合社会效果,表现为向社会提供的一定的公共服务的量和质。同时,每项活动都有各种形态的、物质的和非物质的消耗,包括时间的消耗。一切行政管理活动都应体现一个基本原则,就是以最小的消耗来换取最大的综合效果,包括最优的时间利用效果。如果为了取得一定的管理效果,需要付出很高的消耗,例如搞所谓人海战术,那就是"得不偿失"。因此行政管理效率常常也可以用社会综合效果与行政综合消耗的比例关系来予以衡量,这也是表现行政管理效率高低的重要标志之一。

总之,行政管理学是以有效管理社会公共事务为目的,以系统研究行政管理现象的规律为内容的一门科学,是现代社会科学的一个分支。目前,根据马克思主义的基本原理,从我国的实际情况出发来建立和发展我们自己的行政管理科学,对于促进我国的"四化"建设、加快我国各方面的体制改革和调整有着多么重要的意义,自是不言而喻的。

试论行政管理的系统分析*

行政管理是国家机器的重要组成部分。社会主义行政管理的问题，首要的是有效发挥国家机器的管理职能问题。

行政管理是执行党和国家方针政策的强大支柱，是管理国家日常事务的重要战线。我们要研究和使用一套科学方法，来促进和提高行政管理的工作水平。在这方面，国内外都很重视系统分析的应用。系统分析已经卓有成效地用于许多领域，但运用于行政管理还是个新试探。

为什么要提出行政管理问题

问题要从什么是行政管理说起。本来，"行政"和"政治"是同出一源的，直到人类社会开始有了政治活动，一些人出主意，一些人去执行，"行政"和"政治"才成了两个概念。而行政管理的发展则更是晚得多的事，随着国家管理职能的不断扩大，行政制度和方法的日益具体化，行政管理才从政治科学中分离出来。

所谓"行政管理"，简单地说，就是以有效执行国家方针政策为目的、以系统研究国家事务的各项管理活动为对象的一门学科。当然，由于国家职能有所不同，行政管理的范围也不相同。但是，从根本上看，行政管理不外规划、组织、用人、指挥、控制而已。把这些活动合在一起，就是行政管理的总体。

必须指出，社会主义的行政管理，是取决于社会主义的本质的。所

---

* 周世逑：《试论行政管理的系统分析》，《社会科学》1982年第3期，第15-18页。

以它在性质上、目的上、作用上，都不同于资本主义行政管理。行政管理是上层建筑的一部分，它不可能脱离经济基础。一个国家的行政管理，必须从这个国家所建立的经济基础来分析。社会主义行政管理建立在生产资料公有制的基础上，因而它必然是为社会主义服务的，是向广大人民负责的。同时，社会主义行政管理执行党和国家的方针政策，因而它必然体现最广泛的人民意愿、最根本的人民利益。这是我们研究行政管理问题的基点。

我国行政管理制度是社会主义性质的，是经过革命斗争而逐步形成的。中华人民共和国成立以来三十三年的实践证明，我们的行政机关是为人民服务的，我们的行政干部大多数是勤勤恳恳的、克己奉公的，而且，许多人能经常深入现场、密切联系群众。过去民主革命之所以能够取得胜利，一个重要的因素应当归功于行政管理。在"一五"期间，行政管理体制也能适应社会主义建设的需要。随着社会、政治、经济形势的发展，行政管理上的不适应性逐步暴露出来。主要表现在四点。一是行政管理体制过于集权。适当的集权是必要的，如果集权过了头，就会走向它的反面。行政管理过分集权，容易产生官僚主义。过分集权于中央，就不能调动地方积极性。过分集权于上层，就会使领导陷入事务堆里。二是行政机构臃肿、层次繁多、人浮于事。机关重复设置，叠床架屋；权职划分不清，互相扯皮；行政程序冗长，手续繁复。一件公文辗转审批，往往形成"长途旅行"。兼职、副职、虚职过多，必然造成人力浪费。三是行政干部制度存在很多不合理现象。干部管理缺乏一套健全的制度，实际上存在领导职务终身制，促使干部结构逐渐老化。干部不熟悉现代化管理知识，不理解现代行政管理的要求，不利于发挥其行政上应有的作用。四是时间观念淡薄。不懂得时间是最稀有的资源，无益劳动、重复劳动，会把资源从时间的消逝中损失掉。时间的浪费是最大的浪费。所有这些，不可避免地导致行政效率下降。

从马克思主义观点分析这些现象，也只是在一定的历史条件下形成的。行政管理不健全的种种表现,从具体情况看,有的是沿袭过去的,有的是照搬别人的;有的是经验不足造成的,有的是走了样、变了态的。但是,从根本原因说,是在思想上对行政管理重视不够。没有认识到行政管理的重要意义,对行政管理改革的步子不大。然而,不管这个或那个原因所造成,对于"四化"建设都是很不利的。……随着社会、经济、科技的迅速发展,行政管理的地位越来越重要了。现在,国家已成为整个社会生活的组织者,每个人天天同行政管理打交道,事无大小都在行政管理的支配之下。同时,社会主义"四化"建设是一个空前伟大的社会工程,要把十亿人民统统组织进去,没有行政管理是不能想象的。现代化行政曾经已经不是过去的一套了,要规划、要决策、要组织、要协调,哪一件非按科学办事不可,非采用科学管理方法不行。系统分析可使行政管理水平大大提高一步,为现代化行政管理提供一条实现的途径。

系统分析是科学方法论的发展

马克思主义的方法论是唯物辩证法。唯物辩证法认为事物总是相互联系的。世界上存在的任何事物,都不是彼此孤立的,而是有机联系着的。每个事物内部的各个因素,也是相互依赖、相互制约的。而系统分析则是唯物辩证法的发展。所谓系统分析,就是把事物放到系统形式中加以研究分析的一种方法。它不是从局部出发去研究事物,而是把构成一事物的各种因素,组织一个整体、看成一个系统,进行全面分析,把握事物本质,求得总体解决。

恩格斯《路德维希·费尔巴哈和德国古典哲学的终结》一书中说:"一个伟大的基本思想,即认为世界不是一成不变的事物的集合体,而是过程的集合体,其中各个似乎稳定的事物以及它们在我们头脑中的思想映象即概念,都处于生成和灭亡的不断变化中。在这种变化中,前进的发展,不管一切表面的偶然性，也不管一切暂时的倒退，终究会自己开辟道路。"①这里的"集合体"就是系统，而"过程"就是系统的组成部分的相互作用和整体的发展变化。今天，这种思想已经变成崭新的系统科学，并且广泛应用到各门学科的领域中去，正在指导着各门学科的发展和开辟道路。

那么，系统分析是不是能够适用于行政管理呢？系统分析怎样才能应用到行政管理中去？这首先要了解什么叫作一个"系统"。系统就是由若干相互依赖和相互作用的部分，结合到一个预定的共同目标上去，构成一个完整而有机的整体。从中央到地方，每个行政机关、每个行政规划、每个行政制度，都是一个系统。但是作为系统来看，一要有预定的目标，二要有一定的结构。举例来说，把行政单位作为一个系统，首先必须明确系统的目标，即这个行政单位是做什么的，是教育、司法、卫生还是其他。其次必须弄清系统的结构，即这个行政单位由哪些部分组成，这些部分对于实现目标起什么作用，它们之间、上下左右之间有什么关系。有了目标，就有许多行政活动去完成目标；有了活动，就要有一些人去规划、执行活动。显然，人是行政管理工作的组织者，也是行政活动成果的"催化者"。光有人，还不行。还要有物质条件，包括物资、设备、经费；还要有任务信息，包括指令、行文、档案、报表等。信息在现代化行政管理中，占有越来越重要的地位。没有正确、及时、必要的信息，行政管理的流程将会阻塞。这里，重要的是要把各项要素构成一个整体，使它们发挥对整体的作用，使它们在整体中保持协调。

但是，仅仅从静态看系统是不够的，还必须从动态看系统的活动，因为系统是有组织活动的集合体。这就是从输入—转换—输出来研究的。一个行政管理系统，并不从事物质生产，而只进行管理活动。所谓管理，就是规划、组织、用人、指挥、控制。因而就不像生产系统那样，容易理解输入、转换、输出了。从系统观点看，先要从外界环境取得某些东西，这

---

① 马克思，恩格斯：《马克思恩格斯选集》第4卷，人民出版社，1972，第241页。

叫作"输入"。然后通过系统本身来进行处理,这叫作"转换"。而后将经过处理的东西向外界环境送出,这叫作"输出"。行政管理系统所处的环境就是社会。举例来说,以行政单位为一个系统,它以来自社会的要求、资源和支持为输入,也就是行政活动来源于某种社会需要,如失学、犯罪、疾病或其他呼声。它以国家决定的方针政策变为行政行动为转换,如决定办教育、惩处罪犯、消除病害等。它以行政决策和提供服务为输出,也就是作出决定、提供设施为人民服务,如兴办学校、设置法院、建立医院等。社会主义行政管理是对人民负责的,人民对行政单位提供的服务有意见,行政单位就得根据反应来改正行动,这叫作"反馈"。以上各部分合在一起,就构成一个完整而有机的系统。

可见系统分析把行政管理作为一个系统来研究,这样可使行政活动科学地组织和管理起来。运用系统分析研究管理的好处很多。首先,它能使我们看到所研究事物的整体。研究行政管理必须从整体出发,这更有助于理解管理的目标和要求,无论是建立一个行政单位,还是拟订一个规划或制度,都会集中精力找出真正的目标,从而避免或减少盲目性和片面性。其次,它能使我们看到事物同所处环境的关系。行政管理存在于一定的社会环境之中,因而不可能不受社会环境的影响,从而也要求行政管理对社会的适应性。在这个意义上,社会效果是衡量行政效率的重要标志。再次,它能使我们能看到一事物的内在关系。行政管理中存在人和物的因素。人和物之间常常产生一种制约关系,这种关系处理得当便转化为促进关系。也就是实现人尽其材、物尽其用。最后,它使我们能经常意识到一个事实,就是对于单个的因素、现象或问题,如果不考虑它同其他因素作用的结果,就不能做出完善和合理的处理。研究一个行政机构、制度或决策问题,而不考虑其他有关的机构、制度或决策,其结果将会导致行政管理上的混乱、失误和损失。因而系统分析是大有好处的。

现代化行政管理的几个方面

应用系统分析来组织行政管理，可以提高国家事务的管理水平。现代化行政管理必须采用科学方法，从认识问题到解决问题都要科学化。由于行政管理涉及的面广、环节多，相互之间又存在依赖和牵制的关系。因此，从组织、人员、程序到方法，要作为一个整体来全面研究：

1.行政组织合理化。现代化行政管理的第一条，就是要按系统原理把行政机关合理组织。我们要求：组织健全、机构灵活、层次简化、权职分明。这些已是尽人皆知的原则，然而实际做到却并不简单。怎样把行政机关作为一个系统来组织呢？这里，有个科学的逻辑推理程序的问题。所谓逻辑推理程序，就是目标、方案、决策。首先要规定明确的目标，作为建立组织机构的基础。然后依目标去找寻可行方案，在许多方案利弊的对比中，选出最优方案作为决策。这就是逻辑推理程序的三部曲。举例来说，我们要建立一个卫生机构，先要弄清预防还是治疗，主要是内科、外科还是什么科，这要通过调查研究。人口密度和年龄结构怎样，各种疾病的发病率怎样；然后订出各种组织方案，各种和各科病床多少，采用什么分区管理办法；最后选出社会效果最大的方案，也就是最优化的决策。

现在，组织学已经成为一门专门的学科。行政机构要按组织原理设置。这里，提出两个组织问题来研究。一是管理幅度的问题。所谓管理幅度，是指一个领导者能够管理的下属人数。由于一个人的才能知识总是有限的，于是就有必要规定有限的管理幅度。管理幅度过小，势必增加管理层次；反之，管理幅度过大，会使管理关系复杂化。行政管理中机构不灵、层次繁多，常常是对管理幅度不加控制所致。一是职位与人的问题。职位是行政机构的细胞组织，它应当区别于担任职位的人。按组织原理应是先有职位后有人，但事实上往往是先有人后有职位，这是本末倒置。其结果是因人设事、虚职过多。

2. 行政人员专业化。路线确定以后，干部就是决定因素。从系统观点出发，行政活动要靠人去组织、推动和实现。行政管理已成一门专业，行政人员也就要专业化。行政干部要革命化、年轻化、知识化、专业化，这是今后干部制度改革的重要方面。这里，只谈一个怎样实现专业化问题。首先，要把政务干部和行政干部分开来，实行国家干部管理的"双轨制"。政务干部主要负责政务工作，制定国家的重大方针政策，实行巴黎公社议行合一原则，实行选举制和任期制，废止领导职务终身制。行政干部主要负责行政工作，执行国家制定的方针政策，不担任各级人代职务，实行考试制和功绩制。

科学的公职规范化，是行政干部管理制度的基础。它把行政干部分成若干类、若干级，再按每一类、每一级定出权力、职务、责任的标准。美国联邦政府实行"各位分类制度"，大至司局长具体管理多少工作，小至打字员每天打多少字，都有明细条文和数量规定。日本和西欧一些国家也在推行公职规范化。有了公职规范标准，考试、任用、考核、奖惩、培训、迁升、待遇、退休等，都必须以规范为准。当前，我们应当着重建立行政干部责任制，为今后公职规范化打下良好的基础。实行干部责任制后，可以防止权职不清、无所恪守、功过不明、无法可循。

3. 行政程序连续化。处理任何一项行政工作，都必须经历一个程序。如果我们把机构组织好了，把工作人员配备好了，没有科学的工作程序也是不行的。什么叫行政程序连续化？顾名思义，是要把行政工作组成一个不间断的流程。一个要求是要短。减少不必要的工作环节，保持最基本的几道手续，使冗长的流程缩到最短。处理一个公文、编制一项预算，能不能使审批道数减少，尽量减少不必要的会签。这样，手续少了，程序短了。另一个要求是要快。不积压，不耽搁，在行政管理流程中，能不能做到畅通无阻。编造一个计划，作出一个决策，都有一个时间问题。过了时，再好的计划只是一张废纸，再好的决策只是一句空话。在这个意义上，时间就是一切。

科学的行政程序不是高不可攀的，可以采用一种先进的网络技术。所谓网络技术，就是利用网络图的形式来统筹安排各项活动的一种方法。这种方法使用起来既方便又简单，只要把各个环节按先后次序排好，有方向，从头到尾连成一个网络。但要遵守几条规则：要有一定的路线，不可曲折迂回；要去除可省的环节，尽量平行排列；要使每道时间最短，保持连续进行。这种方法可以用在任何行政流程上。小到发一个文，大到复杂工程，都能运行自如。根据经验，推行网络技术后，可看到显著的效果，工作周期可缩短百分之二十，各类费用可节约百分之十左右。

4. 行政方法定量化。现代化行政管理，已经从定性管理演化成为定量管理。马克思有一句名言：一种科学只有在能运用数学的形式时，才算达到了真正完善的地步。所谓定量方法，就是利用各种数学公式探索各事物（变量）间的数量关系的方法。在电子计算机时代里，这种定量方法更为重要，因为没有编好程序就不能进入计算机。行政管理中已经开始应用，如许多国家已用计算机检索档案、编制预算、管理物资等，应用范围还在不断扩大中，而采用定量方法则是一个必不可少的前题。

但是，不应该理解定量方法只能用于先进的设备，它在行政管理中的使用有着广阔的天地。这里，提出两种日常可行的定量方法。一是决策方法。决策，就是决定，就是针对问题选择对策。在行政管理中，不仅是领导干部，即使是一般干部，也会碰到问题，也要做出决策。决策做得正确及时，就会带来预期效果。靠拍脑袋，凭"老经验"，小则发生失误，大则造成国家损失。当然，决策不是绝对胜券，但风险是可预计的，即使是不确定性事件，运用一些数学方法，也可以做到运筹自如。一是预测方法。预测，就是估计，就是根据已知推测未知。在行政管理中，碰到的往往是未来情况，而很多又是无法预知的。怎么办？利用过去统计资料，经过整理、分析、计算，就可以推测未来的趋势，而且有很大的可靠性。现在，预测已经发展到运用于复杂的社会经济现象。但在行政管理中却没有得到重视。如对社会犯罪案件的发生、对传染病害的散播，利用概率统计可以预测，这样，就可变被动为主动，变消极处理为积极预防，从而产生一种控制作用。

以上是现代化行政管理的几个方面，无论哪一方面都要采用一些科学方法。总的说来，行政管理的核心问题是行政效率。那么什么叫行政效率呢？这要从两个方面谈起。一方面，在行政管理中，通过某种行政活动给人们带来一定的社会效果，包括有形的和无形的社会效果。另一方面，在行政管理中，进行某种行政活动必须承担一定的消耗，包括物质的和非物质的消耗。所谓行政效率，就是社会效果和消耗相对比的结果。也就是在一定的消耗下获得最大的社会效果，或者是在一定的社会效果下花费最小的消耗。当然，在具体计算上有些是不容易做的。

怎样才能提高行政效率呢？行政效率受着一系列因素的影响，主要是组织因素和非组织因素。前者包括机构、人事、程序、方法等因素，在这些方面大力进行改革，采用各种行之有效的科学方法，必然会极大地提高行政工作效率。后者包括心理、生理、生态、社会等因素，也要进行研究试验，取其对管理工作有益的部分，也将有助于行政效率的提高。譬如，人对工作的态度、热情、主动性，人对社会环境的反应和适应性等，都是直接影响人的工作效率的，如果轻视非物质因素所起的作用，那会造成不可估量的损失。因此，在行政管理中，我们要重视做人的工作，如果学会行为科学方法，而且又能恰如其分地应用，那就会发挥出更大的力量。

总之，系统分析是科学方法论的重要发展。它对于行政管理是完全适用的，科学的行政管理是可以学会的，有效的行政管理是能够实现的。

我国行政管理是社会主义性质的。我们正在进行国家管理制度方面的改革，改革以后必将进一步发挥社会主义优越性。系统分析将为创建我国新行政管理学开辟道路。这将为实现我国社会主义"四化"建设作出贡献！

浅论行政机构的改革[*]

行政机构的改革是当前我国政治建设中的一件大事。它不仅涉及一系列的现实问题，而且还关系许多理论问题。如何运用马克思列宁主义的原理，借鉴国外的有益经验，来解决我们在机构改革中碰到的问题，促使我国四化建设向前大大推进一步，是我们面临的一项艰巨而光荣的任务。

从"帕金森定律"说起

早在20世纪50年代末，英国一个曾在新加坡大学当过教授的名叫诺其思科特·帕金森（C·Northcote Parkinson）的行政学者，曾用讽刺小品形式写过一本题为《帕金森定律及有关行政的研究》的书。这是一本描写当时英国某些行政机关现象的书，原来人们只将其看作揭露社会阴暗面的讽刺文章，并没有看成是一本研究行政机构的理论书籍。事情过去几乎三十年了，现在却成了名噪一时的"帕金森定律"（parkinson's law）。

那么，什么是"帕金森定律"？帕金森在这本书里讲了些什么呢？归纳起来有六个方面：

（1）每个行政主管喜欢增加自己的部属，而不愿增加竞争者来对抗自己，各级人员又相互制约而进行工作，因而不论实际所做的工作量有多少，机关人员每年要增加56%。

（2）机关成立的年代愈久，它的工作人员的能力也愈低劣。因为每个主管选择的下属，必然取不如自己的人，以免"制造"职位上的竞争者。

---

* 周世逑：《浅论行政机构的改革》，《政治与法律》1982年第3期，第63-72页。

（3）开会时，时间耗费的长短，与议题重要与否成反比。因为小事大家都懂，而且关系又不很大，于是发言很热烈；而大事则不然，或者因为不懂，或者由于关系很重大，为了免于负责，所以噤口不言。

（4）委员会的组织必然愈来愈庞大，等到超过 21 人时，就已毫无效率可言。在委员会的内部，势必产生较小的非正式的核心。这个核心逐渐扩大，出现一个新的核心。如此循环不息。

（5）一个行政机关的内部日趋腐败，而机关建筑则日趋华丽。所以一看到华丽的建筑，就可以推测这个机关正在腐败。

（6）机关有多少钱就可花多少钱，支出必然相应增加，直到钱花完了为止。因为钱不花完，下年预算就得削减，这就迫使开支增多。

以上就是"帕金森定律"的六个观点，当然有些观点是非常令人发笑的。但是，对于我们进行机构改革也有发人深思的地方。

微观组织与宏观组织

人类在 2000 多年前就学会了组织本领，但是，组织理论的出现只有 140 年的历史，最早要算 19 世纪中叶美国一家铁路公司首先把组织理论用到铁路机构上去。直到 1939 年，美国蒙南和雷莱出版了第一本《组织学》的书，从此组织学成为独立于管理学的一门专门学科。而现代组织学则到 1959 年，才由美国曲立克和倭惠格奠定了稳固的基础。尽管组织学经历了半个世纪的发展，奇怪的是行政组织迄今还没有一个统一的定义。

过去人们习惯于从微观看组织机构，只看到行政组织本身的构成，只把组织体看作静止的东西。从一个组织的内部构成看，组织只是许多人的集合体，或者人群的集合体。而把组织同所处的社会分割开来，好像组织同社会没有多大关系。现在，人们已从微观组织论解放出来，而代之以一种宏观组织论。也就是说，把组织和社会联系起来看，任何组织是一个社会单体，组织和所处的社会分不开，社会构成了组织的一个环境，组织势所必然地受社会的影响，同时必须具有适应社会变化的机能。因此组织不可能是个静止的机构，而相反的是一种动态的东西。它由社会提供输入动力，而后由组织系统进行转换，变成某种输出提供给社会。这样一个组织成了社会的有机组成部分。于是微观组织就变成了宏观组织。

那么，什么叫作一个行政组织？行政组织是组织的一种，是带有行政职能的组织。所谓组织，就是把事物有秩序有成效地组合起来的社会单体。这个单体必须满足两个条件：一是有秩序的组合，也就是必须具有一定的形式，它的结构应该是合理的；二是有成效的机体，也就是必须具有一定的目标，完成了目标才叫作有效。一个组织是为满足社会需要而存在的，它把人、物、事有条不紊地组织起来。所以行政组织是国家公务机构的一种，是为了执行国家方针政策通过行政管理活动提供公共服务的社会单体。然而，更为重要的是，行政组织也是人为社会的一种，它是靠社会生存并具有生命的。所以像美国学者约翰逊和毛根说的那样，行政组织和其他一切组织一样，是有循环不息的生命周期的，有它从茁壮、盛年到衰老的阶段。这就是宏观组织赋予行政机构的主要内容。

为什么要研究机构改革

我国的行政管理制度，具有悠久的革命传统。我国的行政组织是社会主义性质的，我们的行政机关是为人民服务的。我们的大多数干部都是勤勤恳恳、克己奉公的。那么，为什么要提出机构改革的问题来呢？由于社会主义国家的职能已经大大扩展了。现在，国家已经成为现代社会生活的组织者。而行政管理活动主要靠行政机构去执行。一个人从出生到死亡，衣食住行、学习文化、参加劳动，没有一件是离得开行政管理活动的，行政机构已经干预到每个人的日常生活中来。而且要把社会生活组织好、管理好，有个不断提高工作效率的问题。特别是现代化的国家行政工作，如果不懂得现代化的管理知识，行政管理工作质量是提不高的，更谈不上什么工作效率了。须知行政机构的有效性，不仅会体现行政管理水平的高低，也会直接影响到广大群众的生活质量。

通过一个时期的机构改革，我们取得了各方面可喜的成就。仅以国务院机构改革的情况来看，拟将原有的98个部、委、直属机构和办公机构，裁减、合并为52个左右的单位。就机构数字而言，比原有减少47%。就工作人员而言，比原来减少三分之一左右。从12个先行一步的单位来看，部级单位由12个减至6个，司、局级行政机构由180个减至112个，机关工作人员减少了33%，部长、副部长减少了77%，正副司、局长也减少了51%。尽管机构改革的任务重、牵涉面广，但一件件工作开展得很顺利，政府行政有领导、有秩序地进行。干部制度正走向革命化、年轻化、知识化、专业化，工作制度和工作作风的改革也在向着更为健康的方向发展。

必须指出，行政机构的改革是一项艰巨复杂的工作。因为它不仅面临一系列的实际问题。例如，如何在精简机构的同时，选贤任能，配备和建设好领导班子，以一当十，发挥强大的指挥作用？如何认真安排好老干部的退休离休，使老一辈安心地离开工作岗位，而年富力强的干部接好领导工作的班，做好新老交替的工作？如何切实抓好干部的轮训工作，提高整个干部队伍的素质？不搞好这些密切相关的工作，就不可能把机构问题解决好。而且它还牵涉到许多理论问题。例如，如何把行政机构合理组织起来，才能产生最大的行政效益？如何正确处理机构臃肿和层次繁多问题，使管理幅度不大而层次又能简化？如何合理对待纵横的权力分配，使之既不过于集权又不过于分散？为了有效地解决这些机构问题，探索一下组织原理是大有好处的。

西方学者的组织原理

邓小平同志曾经指出，在一定的意义上，机构改革是一场革命。这场革命，是要对行政机构进行改革，使其适应社会主义建设的需要，以便加速"四化"建设的进程。为此，一方面我们要从实际出发，认真总结我国机构改革的正反两方面经验；另一方面要吸取国外在这方面的有益理论，真正做到"洋为中用"。这里，介绍西方学者的几个组织原理：

第一，目标分解与综合。目标就是要问一个为什么？机构设置总得有个目标。早在20世纪60年代初期，美国总统约翰逊就抓了行政机构改革，把联邦政府的部委来一个转、并、归、合，采取的方法就是泰罗的目标分解法。泰罗是第一个运用分解法来处理大工程的人。他把一个工程分解为许多工序，每道工序又分解为许多操作，每道操作又分解为许多动作，再根据时间和动作研究，来分析每个动作是否必要，去除不必要的多余的动作，把必要的动作减到最低的时间。现在，把这个分解原理用到机构改革上来，先找出某一行政机构的总目标是什么，然后分解出许多次目标、子目标。

这样做了有什么好处？首先是使同类活动合在一起。所谓同类活动，是指为同一目标所作的活动。这样，必然使不同类的活动，被排斥到别的目标中去。过去踢不完的"皮球"，打不清的"官司"，现在可以根除杜绝了。其次是使职位与人分离开来。每个机构是由若干职位集合而成的，每个职位先规定了权限、职务和责任，然后由符合职位条件的人去担任，这叫作"见职不见人"。只要是合格的人，谁来担任都行。这样，就不会弄成因人设事，而只能是因事找人。最后是确立指挥系统，就是上下级的领导关系。照理说，一个下属只能有一个上司。因此必须是单头领导，不允许多头领导，否则就会使下属无所适从，上司也无法进行指挥。指挥系统的紊乱，是行政上最大的灾难。

第二，沟通关系。如果有10个人传话，从自己开始由右向左传，当话最后传到自己时，很少是一字不错的。这个例子说明，沟通关系是很重要的。现在有3种沟通关系的方式，如图1：

（a）树形　　　　（b）星形　　　　（c）轮形

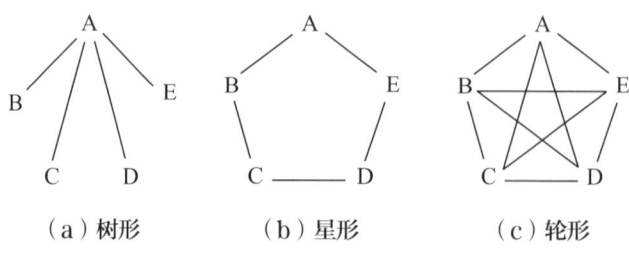

图 1　沟通关系的方式

图 1 第一种叫树形沟通。在这种关系下，每个人都是单向沟通，只有 1 个人（A）向 4 人沟通。第二种叫星形沟通。在这种关系下，每个人只和左右 2 人沟通，没有 1 个人和 4 人都沟通。第三种叫轮形沟通。在这种关系下，每人都和其他 4 人沟通。各做 20 次传递，看哪一种方式效果最好。效果用迅速率、无误率和满意率表示。经过 20 次传递试验的结果证明：第一种树形，迅速率最高、无误率最大，但满意率最低，因除 1 个人外，其余的 4 人，都不知别人传的是什么；第二种星形，迅速率稍差、无误率尚可、满意率略高，因每个人传递的机会均等；第三种轮形，满意率最高，因每个人都和其余 4 人传递接触，但迅速率最低、无误率较差。

所以沟通关系要求如下。一要传递迅速，减少传递中可能发生的差错，在传递敏捷前提下尽量提高准确率。二要分工明确，使上下之间、专业与职能之间，力求职责分明、权职一致。一般来说，上级有监督权，下属有处理权，专业机构有指挥权，职能机构有建议权。这样不致造成权责不称，职务范围划分不清。三要授权恰当。上级要管目标方向，下属要做指示建议。每一级领导不可能把所有工作集中给一人去办，必须进行授权和逐级分权，使下属在授权范围内，进行具体指示和处理。四要协商处理。美国在第二次世界大战后推行代用食品，开始采用宣传鼓动的"单轨反馈"，只听到反应，得不到协商，效果只达 3%。其后改用访问协商的"双轨反馈"，由于共同协商、不断改进，效果提高到 30%，亦即增加了 10 倍。

第三，管理幅度与层次。一个行政组织的层次结构是金字塔形的。金字塔的高度代表层次级数，金字塔的底边代表管理幅度。首先，管理幅度与层次成反比。管理幅度愈大,则层次愈少;反之,管理幅度愈小,则层次愈多。所谓管理幅度,是指每个上级能有效领导下属的人数。也就是说,每个上级能领导的下级人数愈多,则层次就可减少;而每个上级能领导的下级人员愈少,则层次就要增多。因为每个行政机构的总工作量是固定的。其次,管理幅度与关系数成指数函数关系。管理幅度愈大,则内部的关系就愈复杂。按照美国管理协会对140个单位的调查,最高层领导的管理幅度自1至24人不等,中层领导的管理幅度为8至9人,下层领导的管理幅度为6至7人。在我国,目前的管理幅度宜定为7至12人。

因此,决定管理幅度对层次和内部关系数都会带来很大的影响。通常对管理幅度的决定,要考虑几个标准。即上下级相互关系的复杂程度,关系愈复杂,幅度应小些,关系愈一般,幅度可大些;下级活动的同类性大小,活动愈是同类,幅度愈应大些,反之关系愈不同类,幅度可定小些;下级工作的分散性大小,工作愈分散于各地,幅度愈应小些,反之,工作愈集中于一地,幅度可定得大些。此外,还有一些其他的标准,如下级工作的技术性、专业性,愈是技术化、专门化,则幅度不宜太大,反之,幅度则可以大些。

第四,权力分配。行政机构的设置,实际上是权力分配的一种形式。从权力的垂直分配来说,有中央集权与地方分权形式。一是非集中不可的权力,如投资大、技术力量强、计划要求集中的,一般放在中央或地方高级机构中去。一是非分散不可的权力,如城乡建设,资金可以自筹、技术力量分散,一般由各地方分散办理为宜。中央集权的优点,主要是集中统筹、统一规划,有些则属于政治上的考虑,如外交、军政,势非集中办理不可。除了上述两个极端以外,中间一些权力可以中央为主,分配给地方;也可以地方为主,中央予以监督。

从权力的横断分配来看,必须兼顾两个原则,就是:专业与职能的协调关系,权力、职务、责任的统一关系。根据上一原则,机构与机构不强调对口,不必上级机构有一个什么处,下级机构就设一个对口科,这样就可避免机构不必要的繁复臃肿。根据下一原则,各级机构都要使权限、责任相称。

权大于职，会导致滥用权力；职大于权，会造成无法完成任务。除了这两个原则以外，还要加上一个"例外原则"，就是在遇到特殊情况时，可以越级请示或越级指挥。在正常情况下，必须按指挥系统指挥。否则，就会引起政出多门、系统不清。同样，在正常情况下，必须按指挥系统请示。否则，也会搞乱上级和下属的关系。

衡量机构有效性的标志

行政机构的设置合理与否，归根到底要看机构发挥的有效性。任何行政机构都以提供社会必要的公共服务为目的。但这种公共服务的效益往往是无形的。怎样才算体现了行政机构的有效性？这种有效性又可以表现在哪些方面呢？这曾经是西方行政学学者热烈争论的问题之一。根据当代行政管理学者的一般看法，所谓机构的有效性可用下列标志来衡量：

1.行政机构中各种因素的合理组织程度。这些因素主要是人、财、物三个方面。目前，国外对行政人员素质和能力的要求愈来愈高，各国的政府行政人员都在加速向专门化、技术化、职业化的方向发展。例如，在日本，已有90%以上的政府行政人员受过高等的专业训练。行政机构的有效性，首先表现在使不同素质和水平的行政人员能以最合理的方式组织起来，使每个成员都有明确的权限、职务和责任，都能发挥他们各自的长处和主动精神。同时，财和物各尽其用也是十分重要的。行政机构涉及大量的财和物，以及管理所需的各种技术装备，如何使它们得到充分利用，如何发挥它们的最大效益，是衡量机构组织有效性的标志之一。

除了上述人和物质的因素之外，还有许多非物质的因素，如工作人员对工作的态度、热情、能动性，人与人间和人与物间的协调关系，人对社会环境的反应和适应性，等等。这些对于行政活动的质量都有直接的影响。为了提高非物质因素的作用，加强对行为科学的研究是值得提出的。西方行政学者认为，协调关系、激发士气是群体关系的重要基础。在这种意义上，非物质因素常常比物质因素更为重要。因为非物质因素未能充分发挥作用，人的积极性调动不起来，也是机构有效性不能发挥的重要方面。

2. 行政管理流程的畅通程度。行政机构的管理工作，是一个不间断的流动过程，是许多环节衔接起来的统一体。这个过程一般又可分为两个方面：一是人员和财物的流动过程，可以统称为物流；二是信息的产生、传递和处理过程，如情况的汇报、意见的交换、命令指示的下达，可以称为信息流。这两个流动过程是息息相关的。如果信息传递不及时、不准确，整个物流就会阻塞，造成行政工作的失误，甚至行政机构的窒息。

能否发挥机构的有效性，在很大程度上取决于流程的缩短程度。如果办一件事，要开无穷的会议，会上讨论漫无边际、议而不决、决而不行，像跑"马拉松"；如果发一个文件，在一个机构里往来"旅行"，一搞就要个把月，不盖上数不清的章，不画上数不清的圈不算数；如果一件事涉及几个机构，互相之间"踢皮球"不踢上多少回合不能作出决定；特别是如果反馈系统不畅通，一个行政措施实施以后，不能及时收到有关实施效果的信息，尤其是不能收到有关消极效果的信息，那么就绝不能提高机构的有效性。

3. 机构产生的社会效果的大小程度。每项行政管理活动都会产生一定的综合社会效果，表现为社会提供的一定的公共服务的量和质。同时，每项活动都有各种形态的、物质的和非物质的消耗，包括时间的消耗。一切行政管理活动都应体现一个基本原则，就是以最小的消耗来换取最大的综合效果，包括最优的时间利用。如果为了取得一定的管理效果，需要付出很高的代价，例如搞所谓"人海战术"，那就是得不偿失。因此行政效率常常可以用行政综合效果和行政综合消耗的比例来衡量。这也是表现机构有效性的重要标志之一。

总之，我国的行政机构是社会主义性质的，是为人民服务和向人民负责的。当然行政机构的改革，不是一个单纯的机构组织问题，它还涉及干部培养、工作方法改革等一系列问题。因此，不仅要从实际情况出发，而且也要认真探索理论，在总结自己经验的基础上，有批判地吸收国外有益的东西，加快我国行政机构的改革和调整，这对于促进我国"四化"建设，是有着重要意义的。

社会主义行政管理的重大发展

——试论我国行政管理改革中的模式问题*

中共第十二届三中全会通过的《中共中央关于经济体制改革的决定》，指出当前我国进行以城市为重点的全面经济体制改革的基本任务，是要从根本上改变过去不适应生产力发展的僵化模式，建立起具有中国特色的、充满生机和活力的社会主义体制。服务模式的开拓，是我国社会主义行政管理的一个重大发展。它指明了我国行政管理改革的根本方向，也为解决社会主义行政管理的模式问题，提出了纲领性的重大方针。

模式问题是怎样提出的

行政管理是国家机器的重要组成部分。社会主义行政管理的问题，首要的是有效发挥国家机器的管理职能，不断推进社会生产力的向前发展问题。

马克思主义者从来就十分重视管理，认为要实现社会生产力的飞跃发展，仅有先进的生产资料公有制形式还不够，还要有与生产力发展相适应的管理方式和方法。马克思曾指出："一切规模较大的直接社会劳动或共同劳动，都或多或少地需要指挥……"又说："行政是国家的组织活动。"可见管理对国家事务的重要性。列宁说得更为详尽而明白了，要使社会主义优越性得到充分发挥，"整个关键不在于政权，而在于是否会管理"。显

---

* 周世逑：《社会主义行政管理的重大发展——试论我国行政管理改革中的模式问题》，《政治学研究》1985年第1期，第12—16页。

然，是否善于管理，能否管理得好，直接关系社会经济发展的兴衰。

上层建筑必须为经济基础服务，必须与经济基础相适应。国家行政管理属于上层建筑的一部分。当前，我国经济体制正在进行重大的改革。这种改革，是在坚持社会主义的条件下，改革上层建筑中不适应生产力发展的部分。客观经济形势的发展，迫切要求行政管理同经济体制改革相适应、相配合，要求行政管理加快改革的步子，服务改革，推动改革。否则，势必成为经济体制改革的绊脚石，也会成为行政管理发展的障碍物。

行政管理改革的核心是模式问题。因为模式的恰当与否，对于行政体制、管理职能等，都有决定性的作用。但是，一种行政管理模式的形成，有一定的历史条件和某些理论观点为依据。

中华人民共和国成立初期，我们在行政上实行了集中统一的管理形式，这在当时是可能的、适应的，保证了国家机器的运行。因为我国正面临全国财政经济统一的形势，对资本主义工商业进行社会主义改造，在全国范围内开展大规模的计划经济，都不能没有集中统一的行政管理体制。但是，经过三十多年的沿革和发展，有的同经济发展还相适应，有的同经济发展很不适应，带来了不少束缚生产力发展的弊病，如集权过多、管理过死、机构重叠、职责不清、人员充斥、手续繁琐、决策靠拍脑袋、办事凭老经验、不重信息、不讲科学等。这些弊病影响所及，国家机关的工作效率下降了，国家管理职能的发挥削弱了。

传统理论观点的影响，是形成旧的管理模式的另一方面。这些观点来自不切实际的固定概念。主要有：认为国家机关是代表国家的，因而形成凌驾于一切社会经济部门之上的权威；认为国家的所有权与经营权不能分离，因而产生通过直接经营进行行政干预的观点；认为国家机关有管理经济的职能和权限，因而发展到以政代企、政企不分、包办一切的观点；认为社会主义国家必须实行计划管理，因而产生指标不分大小、管理无所不包的观点；认为国家与社会经济部门之间只存在行政领导关系，因而形成采用行政命令方式代替经济手段的观点；等等。在这些观点的影响下，行政权力高度集中，行政手段到处使用，就成为势所必然了。过去虽有几次行政管理改革，下放了事权，精简了机构，但由于没有跳出原来的框框，没有触及管理模式这个核心，几起几落，成效不大，以致模式问题长期得不到解决。

为了从根本上改变落后的管理模式，必须总结经验，解放思想，走自己的道路，建立起具有中国特色的、生气勃勃、活力充沛的行政管理体制。这是摆在我们面前的重大课题。

管理上一个深刻的变化

中共第十二届三中全会，在分析我国当前社会经济发展的形势，总结我国社会主义建设的经验的基础上，提出"使各级领导机关把自己的全部工作切实转移到为发展生产服务、为基层和企业服务、为国家的繁荣强盛和人民的富裕幸福服务的轨道上来"。这里指出行政管理要为三个方面服务，实质上就是为社会生产力服务，为工人、农民、知识分子服务，为整个社会主义建设事业服务。这为我国社会主义行政管理开拓了一个新的生机勃勃的模式——服务模式。

服务模式是在坚持走我们自己的道路的方针，总结我国行政管理的经验的基础上获得的。它作为我们自己的模式具有的特点是：

首先，服务模式是具有中国特色的。因为它反映了国家发展进程中高度民主的不断发展，服务模式是体现社会主义民主的重要方面；它体现了国家管理职能的根本变化，由"过去企业听上面命令"变为"现在上面为企业服务"，国家干部"公仆"地位的日益加强，人民"主人翁"地位和当家作主权利的充分发挥，服务模式成为体现这种关系的重要形式。

其次，服务模式是社会主义性质的。因为我们的行政管理，以生产资料公有制为基础，以运用"有计划的商品经济"规律为宗旨，以为人民服务为指导思想。我们的一切行为，从建立行政目标到采用行政措施，都要立足于人民的根本利益。服务模式是社会主义行政管理区别于资本主义行政管理的根本标志。只有在社会主义条件下，才有实现的可能。

再次，服务模式是富有生机活力的。因为它要通过行政改革才能实现。在改革中，实行简政放权，有利于增强企业活力，发挥企业职工的积极性和创造性，同时，国家机关可以集中力量搞好主要管理职能，通过精简机构和人员，增强行政活力，发挥行政干部的服务精神，加强他们做"社会的负责的公仆"的地位，从而发挥他们的积极性和创造性。

服务模式的开拓，是适应我国社会经济发展的，是符合我国当前改革形势的。这个模式将为我国行政管理带来深刻的影响：

第一，实现上层建筑的深刻改造。行政管理的改革，从来没有像服务模式带来那么深刻的变化。因为随着简政放权、政企分开，管理体制改了，组织机构改了，思想作风也要改。为人民服务的思想要牢固地树立起来，要改变那些长期以来领导机关不为基层和企业服务的作风，要扫除那些机构臃肿、人员充斥、职责不清、扯皮丛生的积弊，所有这些，给社会主义上层建筑进行了一次深刻的改造，带来了生气勃勃、活力充沛的行政管理。

第二，高度发挥国家的管理职能。社会主义国家担负着社会经济建设的基本职能。但是，国家机构应该怎样领导和实现这种职能？过去国家机构的管理职能，总的说来是管多了、管死了。根据我们多年的实践经验，对国家主要职能作出调整，把管理职能放在服务的基础上。国家机关不再对企业直接经营了，只是给予必要的管理、检查、指导、调节。这样，将更有利于发挥服务模式的作用，促使国家的管理职能更有效地发挥。

第三，适应当前新技术革命的挑战。我们正面临世界范围内的新技术革命的挑战。现在，我国的各方面包括政治、经济、科技等，都要及时地作出相应的对策。在一定的意义上，建立服务模式是行政管理的一项对策。我们的行政管理体制，必须具有吸收现代化管理科学的能力，使先进的管理转化为生产力。但是，行政管理能否转化为生产力，关键在于是否采用先进的管理体制、科学的管理形式和方法、高效率的管理技术。特别是管理中的技术方法，能体现最新技术进步和科学成果，在这方面的作用就更大。

可见建立行政管理的服务模式，是社会主义上层建筑改造的需要，是国家管理职能的需要，是新技术革命形势发展的需要。

有关服务模式的若干方面

我们建立服务模式仅仅是改革的第一步。行政管理改革必然牵涉很多方面，包括体制、机构、人员、信息、方法等。这些方面有待于我们进一步探索和研究。

1.关于行政体制。行政体制就是国家与企业在事权分配上的关系。通过政企分离，企业的自主权已经具体明确了，国家的管理职能也已充分肯定了。事权关系应该是，企业在服从国家管理的前提下运用自主权，成为相对独立的经济实体；国家在搞活企业的原则下，充分发挥国家的管理职能，进行必要的管理、检查、指导、调节。国家的管理职能，要更多地面向宏观，更多地面向服务，要抓好大权、放好小权、做到管理中有服务。

我们的行政体制，根本区别于在资本主义条件下企业具有绝对自主权的体制，也不同于过去高度集中模式下企业成为国家附庸的体制。这两种体制都不利于发挥企业活力和行政活力。但不能因增强活力而排斥行政干预。行政干预也还需要，例如进行必要的检查、监督，甚至一些强制性的行政措施。问题在于如何减少直接行政干预，更多地运用经济手段，发挥经济杠杆作用，在于如何使行政干预与经济手段结合，以收取长补短、互相配合之效。

2.关于组织机构。组织机构的合理设置和行政体制密切相关。通过简政放权，为改革组织机构创造了良好条件。应当根据"要坚定不移地按照为人民服务和精简、统一效能的原则"，从系统工程的观点出发，行政机构是一个由不同而又相关的部分组成的一个完整有机的系统。这里重要的是精简与统一。精简，就是必要的部分不能缺，重复的部分不能有。统一，就是成为一个相互协调、相互配合的总体。为此，必须在整体规划下，从部门、单位到个人，都要明确分工，实行责任制度，使事事有人做、人人有事做。

国家机构的正常运转，则和科学的行政程序紧密连在一起。按照网络规划的原理，行政程序是由各道作业组成的，每个作业都代表行政工作中一次有效活动。要剔除没有实效的作业，例如一个公文是否必须经过层层会签，一张预算是否要经各级开会决定。然后把各道作业排成最短的路线，从根本上解决"公文旅行"的现象。一个责任制度，一个工作程序，就可解决大部分的机关管理问题。

3. 关于人事管理。行政管理有了体制，有了机构，还要有人。脱离了人，就什么事也办不成。行政干部，光有为人民服务的愿望不行，还要有为人民服务的本领和知识。面临新技术革命的形势，培养一批新型行政人才，是个十分迫切的问题。新型行政干部要既懂政法，又懂经济；要既懂专业，又懂管理；还要有些现代化计算和通信知识。西方国家大都设有专门的行政管理学院，许多人在大学毕业后再读全时、半时研究生。美国全国公共事务和公共管理学院联合会宣称，1970 年美国有行政学院 60 所，1980 年增至 200 所；1965 年有行政学全时、半时研究生 6 000 人，1970 年增至 25 000 人。

人事管理必须制度化、法律化。当务之急，是建立一套从培养、任免到考核、退休、离休的完整制度，还要用行政立法使之完善、严密而有确切的保障。要研究一项科学的职位分类制度，作为人事管理制度的重要基础，这个问题要加强探索和研究。

4. 关于信息交流。当前，我们正处于信息时代。行政管理主要依靠信息传递快、准确性强和信息反馈，否则会造成反应不灵、决策不准、施政不快，信息反馈系统失灵。所以，正确运用信息资源，成为提高工作效能、增强服务质量的前提。现在，我们已经把信息汇集和发布，列为国家机关的主要职能之一。如何发挥信息这项服务职能的作用？这就必须加速信息流转，加强信息使用。因此，建立地区的部门的信息库，逐步发展到全国性的信息网，是势在必行的，不能不及早研究。西方国家政府在档案、文书、事务管理上已经大量使用了计算机和电子通信设备。我们的办公手段现代化问题也要考虑。

5. 关于行政方法。现代化行政管理，已经从定性管理演化成为定量管理。马克思有一句名言：一种科学只有在运用数学的形式时，才算达到了真正完善的地步。什么叫定量管理？就是探索各事物间的数量关系，使之运用到管理工作中去。这种定量方法，不仅在采用计算机时是必不可少的，即使在没有先进的设备时也用得非常普遍。

定量方法在行政管理中有着广阔的天地。种类多、用途广。例如，决策方法。在行政管理中，不仅领导干部，即使一般干部，也会碰到问题，也要作出决策。要作一个理性决策，必须遵循科学的步骤。现代的决策范围愈来愈广，已经适用于不确定性的事件，而且可以获得相当准确的结果。又如，预测方法。在行政管理中，碰到的往往是未来的情况，很多又是无法预知的。但只要掌握过去统计资料，就可推测将来的发展趋势。这样，就可变被动为主动，变消极对待为积极处理。定量方法是一门有用的科学，要认真学习它、掌握它。

综上所述，开拓行政管理的服务模式，为解决社会主义行政管理的模式问题提出了重大方针，也为我国当前行政管理的改革指明了根本方向。它是具有中国特色的、富有生机活力的社会主义管理形式。我们必须围绕这个服务模式，探索研究行政管理的许多有关问题，把行政管理的各项工作放到服务的基础上来。这将为发展社会生产力，开展全面经济体制改革，实现我国"四化"建设的腾飞，作出贡献！

努力开创行政和人事工作的新局面
——祝上海《行政与人事》创刊*

众所瞩目的上海《行政与人事》今天同全国广大读者见面了。这是我们包括理论工作者和实际工作者在内的行政-人事学界的一件大事。从此，上海行政-人事学界有了自己开辟的学术探讨、政策宣传、经验交流、信息传播的一块园地。这一园地，对于繁荣行政管理和人事管理的科学研究，发挥积极的推动作用是势所必然的。现在，我就怎样开展行政管理和人事管理的研究工作，试提一些初浅的看法。

一

研究行政管理和人事管理很有必要。近三十多年来，无论是行政管理还是人事管理，都经历了迂回曲折、很不平坦的发展道路。过去，行政管理学曾处于"被遗忘的境地"，而人事管理则根本不被看作一门科学。在一些人的心目中，"办办文书管管人，没有什么大道理"。由此，学校里的课程被取消了，社会上的专业被剥夺了。须知行政管理学是研究国家事务如何有效管理的学科。国家机器要运转得好，没有行政管理是不行的。人事管理学则是研究国家工作人员如何合理管理的学科。任何行政管理的进行，用人之道必然首当其冲。社会的发展，时代的需要，行政和人事不受重视的状态，开始有了比较明显的改变。现在，在全国范围内，行政管理

---

* 周世逑：《努力开创行政和人事工作的新局面——祝上海〈行政与人事〉创刊》，《行政与人事》1986年创刊号，第5页。

学和人事管理学的研究开始铺开了,势头不小,发展喜人。

就上海地区而言,行政管理和人事管理的研究工作,正在迅速而有秩序地开展起来。首先是基地建设。建立学科不能没有一个研究基地。在上海,建设一个学会、学院、学所三结合的综合基地已初具眉目。这个基地的三大支柱——市行政管理学会、市人事局研究室、市行政管理教育网,已经先后建立起来。今后,在协调化组织领导下,它们将分工协作,为振兴行政-人事学科而努力。其次是人才培养。人才是当前行政管理最突出的问题。目前,上海正在形成一个多层次、多渠道的行政管理教育网,包括大学、大专、中专、电大等。上海交大设人事管理专业,有大专生50人;复旦、华东师大、上海大学等校都设政治学专业,开行政管理学等课程,有大专生750人,本科生360人,研究生20人(均包括毕业生、在校生在内);市委党校和市人事局联合举办了行政管理业余专修科,学员有600多名。市行政管理学会还将举办有较多人员参加的行政管理讲习班。根据不完全估计,上海已建成一支100余名的专业理论队伍,分布于大学、研究所、行政界,为行政管理发展作出贡献。再次是信息交流。行政-人事工作研究要有大量信息资源。行政信息资料库也在积极筹划中。上海正在迎接一个欣欣向荣的"行政管理学的春天"。

二

行政管理和人事管理要为上海开创新局面服务。为了给国家作出更大的贡献,上海政治、经济、科技各方面,都在不断地开创新局面。这是上海当前发展的一个总课题。无可置疑,行政和人事工作要为这一课题服务。具体来说,我们要集中力量做好几件事:

第一,积极配合开放和改革。上海是开放与改革的一个重要"窗口"。为了贯彻对外开放,对内搞活经济的方针,这里很多是属于经济基础的问题,但是,不可避免地要涉及上层建筑的改造。行政管理和人事制度的改革，是当前全面改革的重要一环。比如，机构如何合理设置，人才如何科学管理，行政方法如何有效地开展。这些都是当前有待迫切解决的问题。搞得不好，影响很大。我们要做好调查研究，提出方案，供领导决策参考。

第二，努力实现"七五"计划。"七五"计划不仅包括重大经济项目，而且包括科学技术、教育文化规划。任何一项规划、一个项目，都有个组织管理的问题。脱离了先进的规划技术、有效的组织方法，不可能使资源得到充分利用，而最具根本性的环节，还在于发挥主宰计划的人的作用。因为经济效益、社会效益、行政效率，三者在一定程度上是不可分割的。所以抛开管理的因素、管理者的因素，侈谈什么效益和效率，不就是缘木而求鱼吗？我们要重视行政管理和人事管理，原因就在于此。

第三，寻求新技术革命对策。为了适应新技术革命的挑战，每个部门都得寻求自己的对策。行政管理和人事管理也不例外。摆脱陈旧落后的管理形式和方法，采用新的高效的管理形式和技术，可使行政和人事工作大为改观。采用先进的管理工具和装置也是必要的。问题在于对信息资源要充分利用。目前我们资料很少、知识不够，国外有不少可以借鉴的管理经验。比如，现代行政管理运用定量技术、模拟模型，可使计算正确、效果可靠、周期缩短；现代人事管理吸取社会心理学、行为科学，以发挥人的主动精神和创新精神，当然也要从实际出发，不加分析、拿来就用，是没有不坏事的。

这里，还要提出一个问题，就是如何开展中国式的管理革命。伴随新技术革命的来临，必然有一场新管理革命。我们的管理革命，是带有中国特色的，是社会主义类型的。不同于美国泰勒创导的第一次管理革命，也不同于日本20世纪50年代兴起的第二次管理革命。这是个大问题，对社会生产力的大提高，对全面改革的大促进，都起着有益的作用。我们行政-人事学界，都要及早考虑，做出准备。

三

怎样开展行政管理和人事管理的研究工作？总的说来，要适合上海地区的特点。上海，有一定的人才和物质资源，有不少的专业和非专业机构，又是国际交往的主要通道，取得国内外信息资料较为方便，这些都是开展科学研究的有利方面。但是，这方面的工作，注意什么，怎样做，也要通盘考虑策划。搞得好，可收事半功倍之效。我认为，要注意下面几点：

一是理论联系实际。这已经是老生常谈了。因为重要，还得提一下。世界上不存在脱离实际的纯学术的东西，何况是属于应用学科的行政管理学。我们主张，既要以理论为指导，又要以实践为基础，否则就谈不上什么应用。有人提出："用马克思主义经典著作代替行政学是不行的。"当然，马克思主义的立场、观点，是研究和分析问题的非常重要的武器。行政管理学和人事管理学，有科学性和知识性的内容，其中还有一些是技术性的东西，要认真研究它。简单地抠词句，这种做法不可取。要进行调查研究，多做实际工作，不搞空洞研究。开展行政-人事的理论研究，是个长期性的、有系统的工作。制订一个研究规划是不可缺少的。

二是有共性，有特点。无论是行政管理学还是人事管理学，在我国还刚刚开始研究，需要各地区、各方面的协作，抓住几个问题，共同搞点成绩；或是每个地区负责一个项目，分工合作，全面完成。这在目前情况下是特别需要的。这是一个方面。除了有共性的东西以外，还有带地区特点的课题。上海有上海的特点，有需要解决的问题，你不搞，人家不会代劳，就得依靠自己的力量。这是又一个方面。但两者都要防止重复劳动和无益劳动。出题目是大有学问的，而选题则是科研的第一关。题目可以由研究单位出，也可以请政府部门出。形式不拘，咨询、代办、特约，都无不可。主要一点是理论工作者和实际工作者必须搞大联合，不要关起门来搞，不要过"象牙塔"生活。

三是积累、继承、创新。人类的知识有个从"必然王国"到"自由王国"的过程。但是，知识发展的主要关键在于积累。世界上没有一门学问研究是可以不靠"接力赛"来完成的。行政管理和人事管理的研究工作也必须是这样。因为科学知识总是在发展、在前进的，新的发展，旧的淘汰。知识积累的方式不外乎有两种，一是继承，这是知识的"简单扩大再生产"；一是创新，这是知识的"复杂扩大再生产"。我们对行政学科和人事学科的研究，不应满足于单纯的继承，而要在继承的基础上创新。通过创新，使科学获得新的生命。为了积累，资料工作和资料检索工作必须跟上。

我们的形势是好的，我们的前途是广阔的。在上海行政－人事学界的共同努力下，一个蓬勃发展的行政工作和人事工作的新局面，即将展现在我们面前。毫无疑问，它将为促进上海政治、经济、科技等各项事业更好地服务，为发展上海社会主义现代化建设起着积极的作用！

行政管理学的基本概念[*]

什么叫作行政管理学

行政管理学,又称公共行政学,也称公共管理学,简称行政学。

现在它还没有一个统一的名称。我们这里用行政管理学这个名词,主要是着重说明行政部门的管理事务。

那么行政管理学是研究什么的?顾名思义,它是一门研究国家行政管理的学科。通常人们对一门学科的研究,都要从这门学科的定义入手。但是,正像美国行政学者华尔道所说的,要用一句话概括行政学科是很难的,因为政府行政事务还在不断扩充,而公共行政学的界线就难以划清。任何学科总是不断发展而完善的,行政管理学的发展也不能例外。何况行政管理学还只是新兴的学科,无怪人们对它的认识还比较陌生。所以,对什么是行政管理学,开宗明义,加以说明,是完全应该而必要的。

关于行政管理学的涵义,我们试图分为三个问题来逐一阐述。

什么是"行政"?"行政"一词,在我国古代文献中很早就出现过。《纲鉴易知录》一书中,早就记载过西周时期"召公、周公行政"的事。这可能是世界历史上最早出现的"行政"一词。由于古代国家事务十分简易,行政概括了国家的全部活动。

但是,随着人类社会政治生活的发展,国家事务的范围日益扩大而广泛了。"行政"一词已经不再泛指国家事务,而是专指国家行政部门的事

---

[*] 周世逑:《行政管理学的基本概念》,《行政与人事》1986年第2期,第32页。

务。资本主义国家有两种学说，对"行政"一词的解释有很大的影响。一是"三权分立"的学说。它把国家机构分为行政、立法、司法三个部门。所谓"行政"，是指国家行政部门的事务。事实上，立法和司法部门也有执行性质的活动，而且国家三个部门的事务日益互相渗透，因此，早已不是原来的"三权分立"了。一是"行政与政治分开"的学说。所谓"政治"，是国家意志的表现。所谓"行政"，是国家意志的执行。由于国家行政权力的扩大，行政部门不仅执行政策，而且参与政策的制订，这称为"行政中的政治"。因而，行政和政治愈来愈难以分离了。

从马克思主义的观点出发，国家权力是统一的整体。国家权力属于国家最高权力机关，它是统管行政、立法、司法一切权力的。国家事务则属于执行国家公务机关，它在分工的基础上执行各自的事务。在社会主义国家中，行政是指国家行政部门事务的执行。

什么是"行政管理"？对此也有各种不同的解释。一种解释，是在"行政"与"管理"之间画个"等"号，行政就是管理，管理就是行政，两者属于同一个概念，即执行和处理。显然，这个解释是不恰当的，因为行政与管理不是同义词。一种解释，是在"行政"与"管理"之间画个"加"号，认为行政指上层的管理，包括组织、规划、决策等，管理是指下层的行政，包括程序、步骤、方法等，把两者相加就是行政管理。当然，这种解释也是不全面的，因为行政管理很难划分上下层，属于上层的决策对下层也要做，下层的程序方法同样适用于上层。我们认为，国家各个部门都有管理工作，行政管理则是行政部门的管理。

什么是"行政管理"？管理是人类进入集体生活后才有的活动。随着社会事务的愈益复杂，社会分工的日趋细密，管理的重要意义越来越被人们所认识。行政管理则是从人类进入政治生活就开始了的。在现代国家中，由于行政部门干预到人民生活的每个角落，行政管理已成国家的一项重要的职能。特别是在社会主义社会中，国家是社会生活的主要组织者，从生、老、病、死到衣、食、住、行，几乎无一不在行政管理范围之内。

由于行政管理代表国家的权力，执行国家的职能，它对社会上其他种种管理来说，具有举足轻重、无可比拟的作用。

严格地说，行政管理是指行政部门根据国家权力和职能对国家各方面事务的管理，也包括行政部门本身事务的管理。至于国家其他部门和基层企业单位，也有属于行政性质的事务管理，那就不包括在本文范围之内了。

什么是"行政管理学"？望文生义，行政管理是一门学科。凡是一门学科，都以研究事物发展的规律性为对象，人们对于任何学科，总是先从发现某种现象开始，然后对现象进行探索，由表及里，由此及彼，联系研究其相互关系，经过不断的深入总结，反复实践，从感性认识到理性认识，然后日益丰富而成为理论。行政管理学也是这样，它在不断发展中完善起来。当前我们正在进行社会主义现代化建设，行政管理学就得为社会主义现代化服务。

行政管理学的内容和任务

研究行政管理学最重要、最根本的依据是宪法。在我国宪法中，规定了四项基本原则、社会主义民主和社会主义法制、社会主义两个文明；规定了民主集中制、中央与地方机构职权的划分、国家通过行政管理指导、协调和监督经济；规定了国务院是最高国家行政机构，国务院实行总理负责制，各部、会实行部长、主任制。我国宪法还规定了行政管理的基本原则："一切国家机关实行精简的原则，实行工作责任制，实行工作人员的培训和考核制度，不断提高工作质量和工作效率，反对官僚主义。"凡此种种，都是行政管理学必须研究的根本要求。

随着政治、经济、社会建设的发展，无论从内涵的广泛性来看，还是从外延的扩展性来看，行政管理学的内容已有很大的发展。一方面，行政管理学和行政法学有很多内容是交叉的；另一方面，行政管理学和管理学研究的问题愈来愈复合。因此，今天行政管理学的范围已经大非昔比。

行政管理学首先要研究的是组织机构。显然，如何合理有效地组织行政管理活动，必然要涉及行政体制、组织、机构和制度。我们必须根据行政管理的目标，把各项管理活动按科学原理组织起来，体制灵活，机构精干，职责分明，讲求效率，密切联系群众，很少官僚主义。这样，就不会导致行政工作上的混乱、失误、浪费以至损害。所以，研究现代组织的原理和问题，应该是行政管理学的主要内容之一。

在解决行政组织的同时，还要研究行政领导问题。领导，顾名思义，是率领和引导。它在行政管理中起着决定性的作用，我们要建立完善的领导班子，要配备各级梯队和智囊机构，都是现代管理中的重大问题。无论是决策、指导、协调，还是检查、调节、监督，无一不是行政领导的职能。邓小平同志指出"领导就是服务"。这对领导提出了新的要求，可见领导对行政管理是多么重要。

人事管理是行政管理学的又一重要内容。组织是人的集合，领导是人的活动。行政管理不能没有人去推动，管理水平和质量又要靠人去完成。人事行政是研究人和人群在行政管理中的作用。我们要改革行政管理，必须以人事制度改革为起点。这个道理是显而易见的。人事制度改革好了，人的积极因素发挥了，这就为提高行政效率，开辟了广阔的道路。

在行政管理中，光有人还不行，还要有物力和财力。现代管理十分重视物力和财力的充分利用，减少它们在管理中的消耗，发挥它们在管理中的效果，这是行政管理学必须研究的重要问题。人力、物力、财力、时间是现代管理的基本要素。要充分发挥一分钱、一张纸的作用，绝不应把它作为小事而忽视，而时间是最宝贵的资源，要求我们认真研究如何充分利用。

行政管理也包括行政部门本身事务的管理。事实上，没有搞好机关本身事务的管理，根本谈不上机关对社会经济的管理，行文要盖上无数个图章，开会要开成像马拉松式，那还有什么行政效率可言。从机关环境到内部布置，从文书处理到用品采购，从对外联系到后勤管理几乎是无所不包的。机关事务管理常被称为"头痛"管理，面广、事杂，最不好管。正因这样，行政管理学就应该加以研究。

社会主义现阶段的最根本任务是发展生产力。作为上层建筑的行政管理，必须同经济基础相适应。行政管理学的任务，应该是掌握行政管理的规律性，来指导行政管理的具体实践，改革上层建筑中不适应的部分，为推动经济基础、发展生产力服务。

具体地说，这些任务是研究正确运用国家权力和行政、经济、法律等各种手段，促使发挥国家对社会经济的管理职能；研究加速实现行政管理体制改革和人事制度改革，积极增强行政机关和行政人员的生机活力；研究大力发挥行政管理本身应有功能，在服务基础上做好管理、指导、调节、监督工作，引进研究使用新行政管理技术和方法，促使提高行政管理的工作质量和效率。

我国现有的行政管理水平，同社会主义现代化的要求是不相适应的。我们自己的社会主义行政管理学还处于起步阶段。为了实现行政管理的科学化、现代化，我们要认真总结过去已有的经验，研究改革中出现的新情况、新问题，并且吸收外国行政管理中的有益经验，从实际出发，要为我所用，逐步建立有中国特色的社会主义行政管理学。

行政管理学的发生和发展

尽管行政管理同国家几乎是同时出现的，但行政管理学成为一门学科却是最近的事。行政管理学首先是在资本主义国家形成的。它的发生同社会经济发展不可分割。20世纪初正是资本主义社会发展时期。当时，西方资产阶级为发展工业生产的需要，开始创立了科学管理原则。科学管理从生产领域逐步转向行政领域。之后，由于社会、经济、科技的日益发达，行政管理也实现了专门化、技术化、职业化。随着资本主义国家的行政权日益集中，国家对社会经济生活的干预日益广泛，迫切要求提高行政管理水平，这就成为行政管理学发展的社会基础。

行政管理学的研究是从美国开始的，在这以前，德国虽已有学者研究行政管理，但早期的研究大都从行政法角度出发。资本主义行政管理学的发展主要成为三个时期：

（一）传统管理时期。早期的行政管理学者，着重提出了两个概念，就是中立和效率。要求行政摆脱政党政治的羁绊，促使行政管理有条理地进行。这是最早行政管理的主旨。

（二）科学管理时期。主要是把泰罗制引入行政管理中。运用科学管理原则管理行政工作，以改进行政组织、程序和方法，同时建立各种必要的管理制度，形成了国家行政管理的合理化、效率化。

（三）现代管理时期。第二次世界大战以后，科学技术的高度发展，管理科学的密切结合，系统论、信息论、控制论渗透到行政管理中去，加上决策方法、行为科学、计算机技术的大量应用，促使行政管理学加速了新发展，开始走向定量化、最优化的道路。

我国是一个具有悠久行政传统的国家，并在行政管理方面积累了丰富的经验。但是，我们长期以来没有总结自己的经验，使之成为有系统的科学理论。

中华人民共和国成立以来，我们在党的统一领导下，建立了从中央到地方的各级行政机构，进行了有关国家行政的各项管理制度，发挥了应有的作用，取得了很大的成就。但是，长期来实行了集中统一的行政体制，逐步成为阻碍社会生产力发展的障碍物，从而出现了行政管理上的某些弊病，如机构叠肿、人浮于事、职责不清、扯皮丛生。

自从中共第十一届三中全会以来，中央十分重视领导制度的改革，并把精简机构看成是一场革命。行政管理作了不少的改革。中共第十二届三中全会又指出，从根本上改变不适应生产力发展的管理形式，并把各级领导机关的全部工作转移到服务轨道上来。一个适合我国国情的行政管理服务模式正在开拓。当前,全国广大干部和学者都在努力研究行政管理,为开创我国社会主义行政管理学的新局面而奋斗。

现代行政管理学的研究方法

唯物辩证法是研究行政管理学最根本的方法论。唯物辩证法是最全面、最丰富、最深刻的发展学说。行政管理学是研究行政管理活动的学科,必然要以对立统一规律为核心,来观察和分析各种管理活动的矛盾,从而根据这种分析来指出解决矛盾的方法。所以,运用唯物辩证法来研究行政管理活动,它对促进行政管理学的发展至关重要。

当然,研究现代行政管理学,还需要一般的社会科学方法,如归纳法、演绎法、比较法、统计法、分析法等。同时对于现代管理方法也要采用,只要它是合乎科学的、讲求实效的。我们要从国情出发,不能生搬硬套。这里简略介绍几种行之有效的方法。

1.系统方法。世间事物,都可作为一个系统来研究。行政管理也不例外。从静态看,行政系统是由各个相互联系、相互制约的部分组成的有机整体。我们要求合理组织,发挥整体作用。从动态看,行政系统是由输入、转换、输出合成的运动过程。一个行政部门,从社会环境输入要求、信息,然后转换成决策、措施、办法,最后向社会输出服务、信息。此外,还要做好信息反馈,及时发现和纠正错误,否则容易导致失误和损失。所以,系统方法大有用处。

2.决策方法。决策就是作出决定。在行政管理中,任何人都可能碰到问题,就得对这问题作出答复。拍脑袋、凭老经验办事是不行的。那么科学决策怎么做?决策的起点是发现问题,然后解决问题总得有个目标。最后解决问题,还要有方案。通过可行性分析和敏感性分析,得出一个最优对策,这就是决策。因此,决策就是顺藤摸瓜的理性逻辑程序。

3.行为科学。行为科学就是研究人和人群的学科。它从人的行为、动机、目的、反应来研究人与人、人与环境的关系。行为科学同行政管理学的关系越来越密切，因为人是行政管理的主体和客体。而沟通人际关系，互通上下意图，都将有助于行政工作的开展。这就需要研究行为科学。我们一向重视思想政治工作，但要注意方法、讲求实效。我们要利用行为科学的积极因素，充分调动人的积极性和能动性。

4.网络方法。又称统筹方法，是利用网络图形来制订规划的方法。许多行政管理工作，都有一定的程序性，都不能没有预定的规划，否则搞什么，怎么搞，弄得心中无数；消耗多少时间，需要多少人力、物力，都是滑到哪里是哪里。所以，工作要规划化、规划要网络化，这是十分重要的。否则"时间就是金钱""效率就是生命"，只是空谈。

中国行政管理改革的新形势

——略论行政改革的不可逆转性和不平衡性*

作为世界改革浪潮一部分的行政管理改革，在中国大地上正在形成不容忽视的势头。一方面，它已成为一股不可逆转的力量，正在全面改革中显出愈来愈重要的作用。另一方面，它的发展也出现了一些不平衡状态，要求我们加以重视和解决。这是当前我国行政管理改革面临的新形势。行政改革的重要标志，是从旧的过分集权、条块分割的封闭式行政体制向着新的面向服务、宏观协调的开放式行政模式推进。

行政管理改革的不可逆转性

马克思主义认为，社会生产力是推动历史发展的巨大动力。社会变革和发展的过程，根本上是一个不断改变生产关系和上层建筑中的不完善部分，来适应和推动生产力发展的过程。我国实行的经济体制改革，目的是使生产力水平得到迅速发展和提高，使社会主义制度取得进一步改进和完善。现在，我们正在进行以城市为中心的全面改革，这被西方学者引称为中国的"第二次革命"——悄悄地进行的革命。毫无疑问，它是迄今为止经济发展上最伟大的一次变革，也是中国历史上最深刻的一场社会革命。

与此同时，作为上层建筑主导部分的行政管理，不可避免地需要相应的改革。这是因为：没有健全的行政体制和组织机械，国家管理社会经

---

* 周世逑:《中国行政改革的新形势——略论行政改革的不可逆转性与平衡性》,《行政与人事》1986年第7期，第21-23页。

济的职能就无从实现,没有合适的行政干部和干部制度,各种政治、经济、科技工作的管理将会落空,没有迅速、及时、准确的行政信息和反馈系统,任何行政管理的实施势将陷入盲目状态,等等。所以,行政管理改革在一定意义上,可以说是居于各项改革的"龙头"地位。整个改革"躯体"的起步、转向、移位,是无不唯行政管理这个"龙头"是瞻的。不管人们承认还是不承认这一点,它在全面改革中的地位是客观存在的。君不见一个行政决策的错误,可以造成人民生活不安甚至生命丧失!君不见行政领导在一挥笔之间,以致使千百万国家财富付诸东流!事实证明,行政管理改革是势在必行的。

在当代世界,行政管理改革已成为各国的共同趋势。从美国到英国直至欧洲大陆,从日本经东南亚到亚非拉各地,行政改革的烽火现在已遍及20多个国家。每个国家都在针对自己国情的特点,开展不同模式的行政管理改革。例如,美国正以执行1978年文官制度改革法为中心,进行旨在提高行政负责性和有效性的改革。法国在1984年通过的修正公职人员总章程的基础上,进一步体现公职的平等原则和职业生活的保障。日本则按照昭和五十九年行政改革大纲的规定,实行机构和定员改革并加强监察、统计和情报管理。许多发展中的国家如津巴布韦、圭亚那等,都在进行适应经济发展的行政改革,特别是行政机构和人事管理的现代化。不难看出,行政管理改革是当前世界上不可逆转的潮流。

我国的行政管理改革还在起步阶段。事实上,我们一直在探索行政管理改革的途径。从中共第十一届三中全会以来的几年中,我们的行政管理改革取得了不少的成就。主要是:一、提出了行政管理新的"服务模式"的构思,以适应和服务经济体制改革的需要,它为上层建筑的全面改造设计出一幅蓝图;二、挖掉了行政管理上新的"三座大山",包括大锅饭与铁饭碗,实际上领导职务终身制,以及人才部门所有制,使更有利于推行和实施全面改革;三、努力实现了干部队伍"四化"的进程,在年轻化和知识化上有较明显的改进,这对提高干部条件和素质大有好处;四、现在正在进行机构、编制职称的改革，为建立科学的行政管理制度打下良好的基础。

不过，应该看到，我们的行政管理改革，是在新旧体制交替过程中进行的。也就是说，要从旧的过分集权、条块分割的行政体制中跳出来，这种旧体制是属于封闭式的；向新的面向服务、宏观协调的行政模式推进，这种新体制是属于开放式的。两者有着根本上的区别。在新旧体制的交替过程中，我们既要看到旧的影响还未全部消除，又要努力促使新的因素逐步增长，因而必然有个不理解、不习惯、不适应的过程，特别是对于怎样搞好宏观行政管理，来适应这个历史性的变革，成了当前广大干部的重大课题。

行政管理改革的不平衡性

事物的发展总是不平衡的，而行政改革毕竟是新事物，这种不平衡状态就更难于避免了。由于行政改革的涉及面广、牵制又多，由于我们对行政改革还缺乏经验，由于传统观念的影响，目前行政改革中出现了一些不平衡现象：

一是经济体制改革与行政管理改革的不平衡。现在，行政管理改革落后于经济体制改革。经济体制改革正向深度和广度发展，随之社会经济也在发生深刻的变化，如多元化所有制结构的产生，经济横向联合体系的出现，行政上许多重要步骤还跟不上。要转变这种不平衡的状态，我认为关键仍在敢于放权，有些是放了，有些还不敢放。当然，要放权就得先简政。不过简政不等于乱砍一阵，把机构砍得"七零八落"；放权也绝不是"一放了之"，使受权者手足无措。有人认为，放权难，授权也难。说穿了，是怕乱。最主要的是进行必要的行政立法，就可防止"一放就乱"，恶性循环，管理上就不会出现"缺口"或"真空"了。

二是中央行政改革与地方行政改革的不平衡。这两者间存在一定的时间差是很自然的，有先有后，有早有迟，但重要的是如何保证地方行政改革的完成，中央对地方除了法律规定权限外，还要采取灵活多样的行政授权。当前，我们要改变一些上浮、中缺、下空的现象，这在职能上、机构上、人事上多少是存在的。特别是越到下面、越到内地，越是缺乏人才、缺乏知识。地区之间也存在行政管理发展不平衡，当然不能不归结到几个差别上面来——管理人才差、管理技能差、管理信息差。当务之急仍然是开拓人才、加强培训、流通信息。为此，我们除了鼓励各地自办行政管理教育外，还要建立全国性的行政管理信息网络。未雨绸缪，及早筹备。

三是微观行政改革与宏观行政改革的不平衡。行政管理改革的方向，应该是从微观管理向宏观管理发展。但这不等于说微观管理就不需要了，特别是像我们的机关管理目前还很薄弱。为了适应社会经济改革发展的需要，为了发挥行政活力和行政机制的需要，我们的国家行政管理，要变过去那种抓细环节、低层次的微观管理为抓粗环节、多层次的宏观管理，要变过去那种以直接控制为主的行政管理为以间接控制为主的行政管理，要变过去那种单靠行政手段进行的单向管理为依靠行政、立法、司法、经济等手段一起进行的综合管理。这就是宏观行政管理的宏观性、间接性和综合性。今后，机构人事工作主要依靠宏观管理，着重控制编制总额和工资基金总量。当然，行政手段目前还是很必要的，但是，随着行政立法和行政司法的逐步完善，行政手段的必要性将会日趋减少。

四是行政管理改革与管理理论研究的不平衡。行政管理改革的实践不能没有理论指导。我们看到，近来行政管理理论研究有了若干进展，学科基地建立了，理论队伍扩大了，也出现了一些可喜的研究成果，但距离用以指导实践还有不小的差距，必须指出，马克思主义从来就不是凝固的而是向前发展的。对待西方一些新的管理经验也不要盲目移植。当前，无论国内的还是国外的行政管理实际都处于不断变化之中。那么我们要怎样对待理论研究呢？我认为要先改变那种"引而不证""食而不化"的现象，进而踏踏实实、兢兢业业，努力开创一个大胆探索、开拓创新的局面。总之，我们的行政管理研究，必须从我国实际出发，从为我所用出发，立足于建设有中国特色的社会主义行政管理学。这是摆在我们行政学界面前的一项重大任务。

为了解决行政改革中出现的这些问题，除了对每一个不平衡状态进行对症施治外，我认为总的要求是用经济改革的活力来推动行政改革，并以有效的行政管理更好地为社会经济发展服务。首先，服务不是空话，而是多做实事。行政部门要眼睛向下，改进管理，切切实实地提高工作效率和管理水平。其次，宏观行政管理，要作新的探索。抓住几个有实效的大指标，从行政管理改革的全局出发，加强法治观念，落实行政措施。再次，发挥人的因素，提高干部素质。不然，什么观念现代化、管理现代化，都成了"缘木求鱼"；什么社会效益、经济效果、行政效率，都不会自动到来。最后，建立开放式管理，取代封闭式管理。这里首要的一条是社会开放，要使各部门、各地区间互通，那么行政管理就搞活了。人们把行政系统比作一个耗散结构，就得不断向外界交换人才、能量和信息，通过交换来达到吸入负熵的目的，促使行政管理经常处于有序状态。

行政管理改革要抓好"势""度""序"

我们行政管理改革有一部"三字经"。一曰"势"，就是因势利导、抓准优势。当前，正值国内外都十分重视行政改革，我们必须抓住已经形成的行政改革的势头，不失时机地把它引向多层次、多向度的发展。当然，凡是改革，总有风险。尤其是行政改革，难免会产生振荡。四平八稳就无所谓改革了，不过要力求减少必要的波动。二曰"度"，就是不失分寸、求其合度。"度"，可以指速度。有的行政改革，其敏感性较强，不宜操之过急，走一步，看一步，也可能出现返工，那不必引以为怪。"度"，也可以指程度。行政改革的规模和范围，该多大，就多大，必须实事求是，丝毫不能勉强。对不能毕其功于一役的事，宁可分期、分批进行来得好。但任何一项行政都不能搞成"夹生饭"。三曰"序",就是先后有序、按部就序。从无序到有序总得经历一个过程。要科学地进行行政管理改革,一个起码的程序规划绝不可少。先急后缓,先易后难,先搞基本的后搞细节的。这是常识,也是科学的道理。排除来自各方面的阻力,也要注意先后的时序。一句话,要搞好行政管理改革,必须做到适势、适度、适序。

必须指出,行政管理改革是我国行政史上一次伟大的试验。如果把这次试验提到应有高度上,归纳为三点重要性是毫不过分的,即它是国家兴衰之所器,它是"四化"建设之所系,它是人民生活之所依。我认为,这次试验的成败取决于两个基本因素。一是行政活力和潜力的最大发挥。行政管理摆脱过去那种样样都管,结果样样都管不好的局面后,行政部门和行政干部的活力必将极大地发挥,蕴藏在部门和干部内部的潜力也将统统挖掘出来。广大干部是最熟知行政利弊之所在的,因而他们对行政改革也最有发言权。把他们的积极性和创造性引导到改革上来,他们必将成为行政改革中最坚强的力量。一是社会承受力与支承面的最大扩充。行政改革的成败同社会的承受力也是分不开的。听取社会呼声,接受信息反馈,促使行政管理面向服务,必将赢得广大社会公众的关注和支持,那么行政改革就会减少阻力,取得胜利。我们有了行政改革成功的内在因素,再加上社会支持这个外在因素,行政改革可说是胜券在握了。

在世界范围的改革洪流中,人们都在注视着中国行政改革前进的脚步。行政管理改革是我国以城市为中心的全面改革的重要组成部分。最近,一个美国学者指出,当前中国进行的"第二次革命""是意义深远的、是大胆的、甚至是冒险的",但是,"这次革命如果是成功的话,其变革将对全世界产生深刻而巨大的后果"。由此,可以看出,这场包括行政改革在内的大变革具有何等重要的意义。这是无可讳言的。

我们也应清醒地看到,这是前人所没有经历过的一场大变革,它的艰巨性、复杂性、长期性是可想见的。行政管理改革也是这样,形势是好的,工作是艰巨的,前途是有希望的。我们只要坚持锲而不舍的精神,就能在改革的大道上阔步前进。在"迈出了勇敢的一步"之后,要做好"巩固、消化、补充、完善"。我们的行政管理改革,必将走完光辉的伟大历程,自是可以预期的。

国家行政管理必须面向服务[*]

中共第十二届三中全会《关于经济体制改革的决定》(以下简称《决定》)为我国行政管理改革指明了根本的方向。这一《决定》提出了行政管理新的服务模式,就是要使国家行政管理面向服务,把行政管理的全部工作转移到服务的轨道上来。当然,只有在坚持四项基本原则的前提下,才能谈真正的服务。作为一种新型模式,它在理论上突破了传统管理观念,在实践上开创了新的管理形成。这种模式的提出,为建设有中国特色的社会主义行政管理开辟了道路。

为什么要提出行政管理面向服务

马克思主义者认为,经济基础决定上层建筑,而上层建筑也对经济基础起着能动作用。作为上层建筑主导部分的国家行政管理,对发展社会经济、组织社会生活,愈来愈显得重要而迫切了。目前,经济体制改革正在全面深入开展,科技体制改革和教育体制改革也在相继开始,行政管理方面的不适应性也更多地显露出来,这就迫切要求行政管理改革紧紧跟上。

然而行政管理改革从何入手呢?行政管理改革的核心是模式问题。因为行政管理模式,反映了行政管理体制中最重要、最本质的东西,它是一定行政管理体制的性质、功能、运行的概括。行政管理改革的根本问题,在于找准行政管理的模式。模式找准了,目标明确了,就可以从整体上抓住行政管理改革的全局。不然,即使进行这样或那样的改革,往往改不到

---

[*] 周世逑:《国家行政管理必须面向服务》,《社会科学家》1987年第3期,第91-94页。

点子上来，到头来弄得劳而无功。这就是为什么我们要把模式问题提到改革的首位上来。

行政管理必须面向服务，是建设的需要，是改革的需要。它对当前全面改革具有十分重大的意义。

（一）是推动社会经济发展的有力杠杆。行政管理是国家运用国家权力的一种表现。马克思主义者一贯重视国家权力的作用。恩格斯在分析国家权力对经济发展的两种作用时说，一种"可以沿着同一方向起作用，在这种情况下，就会发展得比较快"，这是一种积极作用。可见国家权力的运用，可以产生两种完全不同的结果。随着经济体制改革的深入开展，我国的行政管理也应跨出一步，首先抓住根本性的模式问题，简政放权，政企分开，有力地促进社会经济发展。通过服务模式的开拓、大量服务工作的开展，推动社会经济前进的作用必将更大、更有效地发挥出来。

（二）体现社会主义民主的重要标志。社会主义建设的根本任务之一，是要发扬高度社会主义民主。这种高度社会主义民主，也体现在一定的行政管理形式上。列宁早就说过："要有成效地进行管理，……还必须善于实际地进行组织工作，这是一个最困难的任务。因为这要用新的方式建立千百万人生活上最深刻的经济基础。"服务模式的开拓，可以说为发展经济基础提供了一种新的形式，因为一方面它要使国家干部加强"公仆"的地位，努力做好一切管理服务，另一方面它又要使人民群众行使当家作主的权利，积极参加国家行政管理。服务模式应该包括这两个方面。这样，它既改变了国家管理的根本性质，过去下面听上面命令，现在上面为下面服务，而且还建立了国家干部与人民群众之间的新型关系，体现社会主义民主，发挥群众监督作用，从而形成了生机勃勃的社会主义行政管理。

（三）反映了现代国家管理的发展趋势。国家管理的形成，总是处于不断发展的动态过程之中。先是由于社会对某种公共事务的需要，然后国家产生对管理这种事务的职能。这就是恩格斯所说的"社会产生着它所不能缺少的某些共同职能，被指定去执行这种职能的人，就形成社会分工的一个新部门"。先社会，后国家，先有职能，后有部门，这是国家行政管理发展的总趋势。从国家管理形成的发展看大抵可分统治模式、控制模式、服务模式三个阶段。一是统治模式，就是以政治统治为主，采取强制手段来实现国家各种职能。二是控制模式，就是以行政控制为主，大部分职能用行政手段来推行，也夹着一些非行政手段为辅。三是服务模式，就是立足于为人民服务，为生产服务，它把服务的观念形态上升为组织形态，采用行政、经济、立法等多种手段进行管理服务，这是我国在总结自己行政管理经验的基础上，走自己的道路，适应自己的国情，而提出的一种新型的社会主义管理形式。

行政管理面向服务的基本内容

国家行政管理要求面向服务，在形式上体现为一种服务模式，但其内容可以随着时代的需要而不同。现阶段，行政管理面向服务的基本内容可以概括为一个观念、三个方面、八个职能。

（一）一个观念。这个观念，一言以蔽之，就是"智能服务"。服务模式是不能脱离服务这个根本观念的。我们党历来就坚持为人民服务，一刻也不能脱离人民群众，一切都从人民的利益出发，这已成为我国行政管理的优良传统。服务要靠智能，换句话说，就是要有先进的管理思想，要有广泛的科学知识和技能，才能有效地进行管理服务。智能服务的观念，要贯穿到整个服务模式中去。这也包括领导工作在内。这就是邓小平同志指出的"领导就是服务""少说空话，多做实事"。这是对领导的一个新要求，也是对服务的一个新概念。

行政管理是国家运用国家权力的一种表现。美国管理学者开培尔在一次国际管理学会上说过：行政管理上有两种权力，一种是来自知识的权力，一种是来自职位的权力，这两种权力应该是一致的，如果有权力的人没有知识，有知识的人没有权力，都会给管理带来损害。这段论述是值得人们注意的。我们不能把国家管理看作单纯的权力运用，重要的是用先进管理思想来武装头脑，把广泛的科学知识和技能渗透到管理中去，才能提高工作效率和社会效率。这就要求我们树立一个新的权力观念，使智能与权力结合起来，更好地发挥行政管理的服务作用。

（二）三个方面。中共第十二届三中全会指出："使各级领导机关把自己的全部工作切实地转移到为发展生产服务、为基层和企业服务、为国家的繁荣强盛和人民的富裕服务。"这就是面向服务的三个方面。实质上这就是为发展生产力服务，为工人、农民、知识分子服务，为整个社会主义现代化建设服务。我们开拓这个模式，首先要把服务做到生产力发展上去。在我国目前经济还比较落后的状态下，只有先把社会生产促上去，才能逐步改善人民的生活，为工人、农民、知识分子服务。不这样，一切都成为空谈。当然，最终目标还在实现现代化建设，把我国建成一个高度民主、高度文明的现代化社会主义强国。

（三）八项职能。在《决定》中，规定了政府机关管理经济的八项职能，归纳起来都是属于"服务"方面的。这使服务模式的内容更加充实了。这八项职能是：制订经济和经济关系，部署重点工程的建设，汇集和传播经济信息，掌握和运用经济调节手段，制订并监督执行经济法规，按照规定范围任免干部；管理对外经济技术交流和合作。这些职能着重宏观管理、综合管理，使政府部门从繁重的事务堆里解放出来，集中精力搞好有实效的服务工作。

这些职能，给行政管理提出了更高的要求。缺乏广泛的科学知识和技能，哪一项都是难以实现的。要规划，要开发，必须掌握制订计划、方案的科学程序，必须懂得可行性分析、敏感性分析。要协调、调节、必须了解地区、部门、企业之间的经济关系，必须熟悉物价、税收、供求之间的相互影响。要传播信息，开展经济技术交流，必须掌握信息来源、信息科学知识。必须熟悉国内外经济技术市场。至于人事管理和行政立法，现在也已成了专门的学问，需要我们去认真研究。

必须指出，服务模式当然是重在服务。但要防止出现两种偏向：一是只讲服务不讲管理监督，这将重蹈西方"放任管理"的覆辙，结果服务失去了根本保证；二是只讲服务不讲群众参加管理，不利于发扬民主和群众监督，也会使服务流于"口号串化"。问题在于在坚持服务的前提下，摆正服务与管理、服务与监督的关系。这是完全必要的。

努力开创中国行政管理的新局面

开创我国行政管理的新局面，我认为应向下列几个方面进行开拓。

第一，必须从管理智能化入手，积极开发和建设行政管理科学。

当前社会经济科技的发展，不可避免地被反映到行政管理中去。国家管理职能日趋繁复，行政事务范围不断扩大，对行政人员素质的要求愈益提高。列宁曾告诫我们说："没有专长，没有充分的知识，没有管理的科学知识……怎样能够管理呢？"服务的起点，就是要有广泛的科学知识和技能，来从事行政管理。

行政管理学是一门应用学科。对我们来说，应用就是服务。我们不能不看到，今天的行政管理学，已由一门单一学科向一门多层次、多领域的交叉学科发展。这是符合科学本身发展规律的。许多原来的外延学科已变成了它的内涵学科，而外延学科的交叉日广、联合日消。光搞行政管理学和政治学的"近亲繁殖"，已不能适应目前各方面的需要了。大量的社会、经济法学问题，迫使我们搞社会科学内部的学科联合。还要懂得系统科学、信息科学、控制科学、计算机等知识，这就需要与自然科学、某些工程技术相结合。学科联合问题的挑战一天不解决，就一天得不到管理智能化的服务。

第二，必须从培养综合化出发，大力改变人才结构和知识结构。

人才是当前最突出的问题，没有人，什么行政事务都办不成。人才不能通过一个模子来培养，也不能只培养一个模子的人才。国家行政管理需要多种人才，这就像列宁所说的那样："最好使这个机关有各种各样的也必使我们看到这个机关是多种品质和各样优点的结合。"所以服务面愈广泛，人才结构愈复杂。

培养人才，还要注意知识结构。现代行政人员需要的是一个知识群，既要懂政法，又要懂经济；既要懂专业，又要懂管理。因此，通才重于专才。现在，软专家领导代替硬专家领导，管理知识必然占着重要的地位。但是面临的几乎都是各种社会经济问题，没有这些方面的专业知识也难以应对。而我们的行政干部又是人民的"公仆"，不深入群众，不深入社会生活不行，所以还要有广泛的社会知识。当然，远大理想，通观全局，则是任何国家干部所不能缺的。

第三，必须从沟通网络化出发，加强行政信息的传递、反馈和使用。

信息是面向服务的重要一环。光有"信息热"，没有传递交流，起不到作用。行政管理主要靠信息流转快、准确度高，否则难以实现管理高效能化，也无法避免行政失误和损失。如要加强信息交流和反馈，则要求建立有适当容量和规模的信息库和信息网。我们研究和组织这方面的工作，应该掌握时机、做好准备。

现代化行政管理，重在信息资源利用。这方面国外有不少可用的经验。比如，现代行政组织采用多维联系代替多级集权，有利于减少层次、横向分权、高效服务，现代人事管理吸取社会心理学、行为科学，为发挥行政人员的积极性、主动性和创新精神，现代行政方法运用定量技术、模拟模型，来增强计算的正确性、效果的可靠性和缩短周期。凡此种种，都可以利用来提高行政效率和管理水平。无可置疑，信息使用愈来愈重要了，但也有个适当选择的问题。要从实际出发，从应用出发，有利于我，为我所用，经过试验，逐步推广，取得实效。

第四，必须从领导协调化出发，建立和发展行政管理研究的基地。

基地建设，是学科建设不可缺少的重要方面。这个基地，由教育科研和有关单位所构成。既要有专业学术团体，又要有群众学术团体参加。由于当今世界两大潮流的冲击，行政管理学科取得很大发展。一方面，新技术革命在世界范围内的挑战，迫使行政管理以新的技术观念和技术方法武装自己，正向着分化和综合同步进行的道路发展。另一方面，改革与开放洪流遍及世界各国，行政管理的影响由上层建筑到经济基础，对于现代化建设的重要性越来越显出。这两股潮流是势所必然，不可逆转的。没有一个拥有宏大人才和资源的基地，行政管理这门学科的建设就会落空。

以上是我们当前要抓的几项主要的工作，使之为加强行政管理面向服务作出贡献。

在中共第十一届三中全会路线的指引下，把坚持四项基本原则和改革、开放、搞活统一起来，那么，一个生机勃勃、活力充沛的行政管理新局面，一定会而且一定要展现在我们的面前。我们要建设具有中国特色的社会主义行政管理，必须从中国实情出发，将马克思主义基本原理同中国行政实际相结合，走我们自己的道路。同时，又要看到世界范围内的变化，吸取国外有益的东西，为我所用，有所创新，有所突破。必须看到，建设和发展社会主义行政管理需要一个很长的历史过程。随着改革的深入、实践的发展，我们对有中国特色的行政管理的认识，将会越来越丰富、充实和深化，这是势所必然的。

在治理整顿中,必须大力加强宏观管理[*]

中共第十三届三中全会提出,要治理经济环境、整顿经济秩序。治理整顿是逐步形成由计划经济和市场调节相结合的运行机制、形成良好有序的行政管理大气候的重要保证。行政管理同经济环境和经济秩序总是息息相关的,加强行政管理正是为了改善这个经济环境和秩序。

加强行政宏观管理对治理整顿绝不可少

行政宏观管理是实现政府职能的基本形式,任何国家都有管理社会经济、发展生产力的职能,在这种职能变得日益繁重复杂的今天,脱离了有效的宏观管理是不可想象的。

改革十年,成绩巨大。随着我国经济体制的深入改革、政治体制改革的逐步开展,行政管理也出现了不小的变化。综观过去的行政改革,主要是围绕"放"和"管"为中心来进行的。然而,尽管情况有所改变,收效一时,行政管理还是在集权还是分权的"峡谷"中反复徘徊,不是失之于集中过多、行政手段用得过滥,就是走向反面的分散过头、干脆否定行政手段。须知这两者都从不同方面影响生产力的发展,因为前者往往引起滥发命令、管理过死,使下面失去积极性和灵活性;后者则会造成令出不行、禁而不止,使领导丧失权威、行事被动。行政管理中还有一种"逆反"现象,抓得越紧,叫得越高,上有政策,下有对策,使行政管理陷于

---

[*] 周世逑:《在治理整顿中必须大力加强宏观管理》,载中国行政管理学会《中国行政管理现状与改革》,1990年,第57-61页。

难以应对的尴尬局面中。这就是历次改革不易作出重大突破的焦点。为今之计，不是不能走出这个迂回曲折的"峡谷"，而是重在找出一条行政宏观管理的新路子。

当前，我们正处于新旧体制交替过程中，这种行政宏观管理就更重要了。因为旧的惯性势力大部分还没有清除，新的机制活力更无法加以发挥。社会主义制度下必要的集中统一本来不可缺乏，而自我调节、自我约束的机能还得逐步成长。为此，建立一个新的有效的行政宏观管理系统，就成了当前深化行政改革的第一位要求。更应看到，我国的商品经济还刚刚起步，在没有形成完善的固定秩序前，社会上许多经济行为都带有某种盲目性，直接受着自己利益所驱使和刺激，管理制度和措施还不完善、不适应，行政部门不能及时作出有力的遏制，长期放松思想政治工作，使一些人员身上滋长出腐败作风，以致助长了经济生活中的混乱现象。在这种情况下，不坚决进行治理整顿，就无法克服混乱现象；不加强行政宏观管理，采用多方面的制约调控，也难以使治理整顿收效。

建立行政宏观管理的主要内容

现阶段的行政宏观管理，是一种在社会主义必要的集中统一下，放管结合、调控为主、各个方面协调并进、各种手段互补共济的综合管理。其具体内容主要包括：

（一）用"两点论"、促"两手抓"。在当前治理整顿中，一定要坚持"一个中心，两个基本点"，坚持四项基本原则是立国之本，坚持改革开放是强国之路。一定要思想领先，加强管理，搞好治理整顿。

（二）重在全局、树立权威。系统论者认为，整体由各个局部所构成，而又大于各个局部之和，这就是"系统效应"。只有抓好全局，才能发挥这个效应。从现阶段的实际情况出发，要发挥行政宏观调控职能，必须首先加强国家全局观点。行政宏观管理不能没有一个权威。如果连社会主义必要的集中统一都没有，那么，调控也好，制约也好，都成了一堆空话。

（三）多方协调、综合配套。系统效应的发挥重在协调配套。强调行政宏观调控为主就是要加强政府行政管理，对各方面、各环节进行协调。过去在改革中之所以出现一些失误，主要是由于没有建立好一个宏观管理体系，没有重视在多方协调下进行配套管理。抓了一点，丢了一片，只要单项、不顾配套。须知经济生活中的各方面总是密切联系构成一体的，并且经常渗入政治、社会、科技等非经济因素。在现阶段，要把计划、资金、物资、能源、运输、税收、金融、物价等管理一起抓好，使其发挥对整个经济的引导、调节、监控的全面作用。同时，要把组织机构、人员编制、人事行政、各项制度的改革继续搞好，只有各方面、各环节配套实施，才能形成有效的行政宏观管理体系.

（四）各种手段，互补共济。管理效果不能脱离管理方法来取得。行政宏观管理绝非单一行政手段所能搞好的，必须依靠多种手段的兼采并施、互补共济，包括政策手段、行政手段、经济手段、法律手段，使其在同一目标下各自发挥自己的机能。政策手段重在发挥对行政管理的导向作用。行政管理要以政策为指向、为依据，但政策本身的制定要求科学化和民主化。为了保持政策的正确性和严肃性，不允许朝令夕改、彼此抵触。行政手段过去用得过多、过滥是不对的，但过早、轻率地加以否定或放弃也是有害的。应该承认，不管实行哪种行政管理，行政手段总是必不可少的，在治理整顿中更有重要意义。经济手段运用经济杠杆发挥调控作用，如压缩投放、增加供应、调整物价，使社会总需求与总供应趋于平衡，也可用来制止经济领域中的混乱。法律手段对行政管理起着保证作用，我们要努力实现行政管理法制化、行政行为规范化，逐步做到有法可依、有法必依、执法必严、违法必究，加强法治。这些手段的互补共济，将在方法上为建立行政宏观管理提供条件。

（五）厉行廉政、加强监督。由于管理者本身行为直接影响管理对象和管理环境，也要把管理者纳入行政宏观管理系统内。实施廉政建设，不能只看到眼前腐败现象的消极一面,更重要的是要看到励精图治、蔚然成风的积极一面。在实行清廉政风的同时,不可不加强经常性的监督,建立监督法制和机构,公开办事程序和结果。目的在于使人民对政府事务增进了解,便于使政府取得群众监督和支持,这将有利于形成良好有序的行政管理大气候。

要不断完善和强化行政宏观管理的新路子

由上可见,治理整顿要求的行政宏观管理是个十分艰巨复杂的任务。这种行政宏观管理不同于过去强调的行政管理,因为它旨在发展社会主义有计划商品经济,而不只是为传统的产品经济服务的,它是在必要的集中统一下使各方面协调的配套管理,而不只是上面高度集中、下面又条块分割的"断层管理";它采用的是既不排斥行政手段又兼具政策、经济、法律诸手段的综合方法,而不只是一味强调行政手段的单一方法;它以广泛涉及管理者、管理对象、管理体制、管理环境为全部内容,而不只是以权力分配为中心的狭隘的行政体制为主要内容。这样,行政宏观管理比起过去强调的行政管理要广泛得多、繁复得多、艰巨得多。

在一定意义上,这种行政宏观管理可说是行政改革中的一种新探索。为了建立有效的行政宏观管理系统,还有很多的工作要做。第一,弘扬集体共识。行政宏观管理系统,顾名思义,是共体,不是单体。一要有一个目标,以保持共体内各单体的认识一致、行动一致;二要有一个权威,以确保社会主义必要限度内的集中统一,防止政出多门、各行一套。第二,制订协调规范。行政宏观管理系统运行的关键是协调,仅有必要的集中统一不够,还要订出行政行为的协调规范,作为各方面共同遵守的行动准则。从办事的逻辑程序、权职的合理分工,到发生事故的责任归属,都要明确,严格执行。第三,发挥自我机制。行政宏观管理是一个多机制的行政体系。其中最重要的莫过于自我调节、自我制约的机制。一要贵在自我发挥，二要强调互补作用，防止一条轨道上发生碰车，主要在于自动管好道口扳岔，规定谁有"优先行驶权"。第四，沟通公共关系。在行政宏观管理系统内部，不要各自孤立，互相封闭；在行政宏观管理系统外部，不要对广大人民、对社会环境封锁信源，干扰信道。只有保持信息公开畅通，才能提高施政的透明度。做好以上各点，对于树立行政管理的良好秩序，形成行政管理的优化环境，都具有十分重大的意义。

现在，我们终将走出过去那个集与分、管与放反复循环的"峡谷"，要把行政宏观管理搞得活而有序、生气勃勃。

行政体制改革的重要组成部分

——事业单位体制改革和农村基层政权建设
——兼论如何探索中国式行政体制改革*

中国正处于一个改革开放、发展经济的伟大时代。在当前我国行政体制改革的进程中，必须重抓好事业单位体制改革和农村基层政权建设。这是行政体制改革的两个重要侧面。

为什么行政体制改革是必要的

我国行政体制之所以需要改革，是因为：（一）行政体制改革是社会主义现代化建设的需要，事业单位体制和基层政权机构是现代化建设的一部分，当前又在扩大开放、深化改革，没有这些体制改革的同步开展，整个经济发展就会受到影响；（二）行政体制改革是行政管理除弊兴利的需要，现行事业单位体制和基层政权组织还建立不久，管理体制中的一些弊病还严重存在，如条块分割、职责不清、机构臃肿、分工过细等，弊不除则利不兴；（三）行政体制改革是社会主义制度自我完善的需要，我们的事业单位体制改革和基层政权建设，是在一无经验、二无成规的条件下摸索进行的，靠的是社会主义制度固有的自我完善自我发展的机制，因此，我国行政体制改革就是这种机制的体现。

---

* 周世述：《行政体制改革的重要组成部分——事业单位体制改革和农村基层政权建设》，《行政与人事》，1992年第7期，第9-19页。

当前行政体制改革的着重点

"行政体制"这个概念历来是有争议的并随时代演变而有不同涵义。狭义言之,"行政体制"只包含一个行政实体的组织制度。广义言之,"行政体制"则应包含这个行政实体的职权配置、组织机构、体制模式、行政人员、运行机制等,现在人们越来越倾向于广义的解释。作为行政实体的事业单位和基层组织,自然要具备这些因素,才能建构完善体制。

然而,行政体制改革脱离了目标就无从谈起。这个目标早在党的十三大文件中就指出,亦即要建设有中国特色社会主义的高度民主、法制完备、富有效率、充满活力的行政体制。理所当然,事业单位体制改革和基层政权建设离开了这个目标,自必会失去方向。这是毫无疑义的。

当前,为了适应加快步伐、深化改革的形势,我们要在这次行政体制改革中,着重抓好机构改革、人事制度改革、工资改革。联系到事业单位体制改革和农村基层政权建设,主要内容如下。

在事业单位体制改革方面:(1)要把事业单位管理体制和政府机构区分开来,并结合科技、卫生、教育、文化等体制改革,对事业单位按经费来源实行分类管理;(2)要鼓励有条件的事业单位向社会化发展,并尽量促使科技单位向企业靠拢,更好地实现科技与生产相结合;(3)要把事业单位工资制度和政府机构区分开来,并根据机关与事业单位的各自特点,贯彻实现按劳分配的原则,充分发挥工资的职能作用;(4)要加强专业科技人员管理,建立正常晋级增资机制,调动专业科技人员的积极性,更好地为经济建设服务。

在农村基层政权建设方面:(1)要根据乡镇基层机构的特点和农业发展的需要,合理解决职责划分、机构配置、编制确定问题,使乡镇政府成为有权威、有效能的一级基层政权;(2)要加强乡镇干部建设,逐步改革和完善乡镇人事制度,包括进退、培训、使用等一系列的人事管理;(3)

要结合农村实际条件和需要，积极做好科技兴农工作，并为建立农业社会化服务体系做好人才输送。

这些是当前行政体制改革的重点，顺利完成以上各种任务，无疑将使我国行政体制改革走上一个新的台阶。

重找行政体制改革的突破口

行政体制改革不能没有一个突破口，过去，我们一直在找适当的突破口，但始终是意见分歧、莫衷一是。由于找不准哪个突破口，反映在行政体制改革上，不是举棋不定、不知所措，就是胡抓一气、落子皆乱。寻找适当的突破口，要像牵牛鼻子那样，把牛鼻子牢牢牵住了，就不怕牛不跟着走。

从行政体制改革以来，已有各种不同的设想。比如，其一，以人事制度为突破口。理由是，人是行政管理中最活跃的因素，人既是管理主体，又是管理客体。为了很好发挥人的积极作用，把人事制度作为合理的突破口。其二，以目标模式为突破口。理由是目标模式是体制的集中表现，企图从总的一点拉出一条线，然后基于体制改革的全面。由于全面统抓是不现实的，结果只能集中到目标模式。其三，以党政关系为突破口。理由是党政关系是个突出问题，党政职能能否划清分开，关系到行政体制改革的落实，但坚持党的领导就得党管干部。其四，以转变观念为突破口。理由是定了型的观念意识，求其彻底破除是不容易的，即便突破于一时一事，一碰到机遇就会死灰复燃，如官本位思想、等级观念、宗法思想等。

凡此种种，不一而足。一个真正的突破口，总得满足几个条件：第一，行政体制改革是个复杂的系统工程，层层相连、环环相扣，要找出"动一发牵全身"的一环，才能发挥突破口的作用；第二，寻找突破口不等于打"攻坚战"，要按照先易后难的程序，采取由表及里的方式，抓住看得准、拿得稳的问题，突破一下，求得实效；第三，突破口要有共同性和普遍性，不是那种只是在特殊情况出现的，否则即使我们找到了突破口，充其量也只能解决个别问题。因此，可以选择提高效率为突破口。理由是行政效率是行政管理的核心，没有效率也就出不了社会效益，缺乏效率正是行政管理的通病。探求提高效率的途径也还是现实的，而且改革成败最终取决于效率高低，才能真正解放和发展生产力。有人认为提高效率只是改进行政管理的突破口，而不应作为行政体制改革的突破口。我认为改革行政体制必须从构成行政体制的诸因素入手，否则，行政体制是难于改革的，也可能是根本改革不了的，这些因素即上面所述的职能、权力、机构、人员、机制。多年来，这些因素没有很好处理，结果恰恰成了当前造成弊端、导致效率下降的主因。既然要求有效改革行政体制，就不能不抓住行政效率这个构成体制诸因素集中反映的汇合点。所以，以提高效率为行政体制改革的突破口是合理而可行的。

走中国式行政体制改革的新路子

中国行政体制改革是篇没有写完的文章，过去下过不少功夫，现在仍须继续努力。问题在于如何探索一条中国式行政体制改革的路子，这条路子对于事业单位体制改革和基层政权建设应该是适用的。

什么是一条中国式行政体制改革的路子？根据邓小平同志有关建设有中国特色的社会主义的科学论断，我国的行政体制必须是社会主义的、具有中国自己鲜明特点的，要以马列主义、毛泽东思想为指导思想，要坚持党的"一个中心、两个基本点"的基本路线，要适应有计划商品经济体制的需要，要为生产力发展服务、为人民服务，我们正在向这些特点探索前进。

要走中国式行政体制改革的路子，必须解决理论问题和实际问题。从理论上，要树立两个观点、体现两种精神。两个观点是科学观和服务观，科学观就是要真实反映行政体制改革的现实。无论是事业单位体制改革，还是基层政权建设，本身就是一门很大的学问，来不得半点虚假，不能搞空谈清议。服务观就是要认真参与行政体制改革的现实。服务是最好、真现实的参与形式，事业单位是有关人民切身利益的，基层政权是直接与群众打交道的，不要摆官架子，要开方便之门。两种精神：一是解放思想、大胆闯试，行政体制改革不能再像缠脚女人走路了，胆子要大一些，步子要快一些；二是真抓实干、干出实效。行政体制改革是当今的一件大事，要创前所未有之新，要求提高效益之实。

总之，就是要坚持科学和服务两个观点，发扬创新和求实两种精神，以提高行政效率、促进社会效益为突破口，以推行机构改革、人事制度改革、工资制度改革为着重点，坚定信心，加快步伐，努力建设有中国特色的社会主义行政体制。

我们的目标是明确的，改革的时机是基本成熟的，让我们振奋精神、大胆尝试，为我国行政体制改革登上一个新台阶而作出贡献！

当前事业单位体制加深改革的基本思路 *

在我国改革开放的大潮中,作为社会三大系统之一的事业单位体制,外随政府机关体制改革的不断深化,内随事业单位本身功能的急剧发展,以及外部企业转换机制的多方影响,呈现出极为明显而十分重要的根本性变化。我国事业单位管理体制改革已是刻不容缓了。

我国事业单位体制改革是怎样提出的

事业单位体制改革是我国行政体制改革的重要组成部分。事业体制同经济体制、政治体制,三者有着不可分割的密切联系。因为它在一方面还未摆脱依附于机关的地位,另一方面又深受企业机制的影响,甚至某些方面还有向企业靠拢的趋势。尽管如此,事业单位体制同经济和政治体制毕竟是不同的,它既区别于直接行使政权的政府机关,又区别于以营利为目的的企业单位。这是当前我国社会系统鼎足三分、共存互倚的格局。

要了解我国事业单位体制改革,非从掌握事业单位这个概念入手不可。什么叫作"事业单位"? 一般言之,"事业单位"是由一定的事业属性所构成的一个单元实体。所谓属性,主要包含事业职能(即做什么)、经济来源(即靠什么)、组织形态(即什么样)。所谓实体,是指为完成特定任务所需人力、财力、物力、信息的组合体。

就我国现实情况来说,事业单位是指从事社会专业服务职能为主的、

---

* 周世逑:《当前事业单位体制加深改革的基本思路》,《中国行政管理》1992 年第 8 期,第 16-19 页。

不同程度上依靠国家资助的行政实体，或是从事社会公益福利职能，不依靠国家资助的社会实体。目前，大部分事业单位属于行政实体，被称为是政府机关的"从属"，是行政职能的"延伸"。极少数事业单位则属于社会实体，实称为是企业单位的"连接"，是社会职能的"自主"。今后发展的趋势，应该是通过事业单位体制改革，大部分行政实体将被社会实体所替代，而新的社会实体将欣欣向荣、迅速发展。

目前，我国事业单位的基本情况是：门类多，通常包括13大类、100余类之多。摊子大，全国有110万个单位、2 000万名职工。管理差，归口不一，各自为政；不讲科学，不求效益。这些情况集中反映为两大症结。一是国家财政难以负担。目前，事业费用几占国家总支出的1/4。减轻财政负担的出路，在于鼓励有条件的事业单位向社会化发展，科技事业单位尽量向企业靠拢，行政事业单位多作有偿服务。二是事业活力严重缺乏。改变这一状况的出路，在于改变国家对事业单位的管理方式，扩大国家对事业单位的事权下放，增加国家对事业单位的激励机制。

从改革大方向到亟待解决的几个关键

"小政府、大社会"，是马克思主义社会管理的基本原则。它应该是指导当前事业单位体制改革的重大方向。所谓"小政府"，不是消极地减削国家职能和机构，使之成为既无权威、又无效能的"看守政府"，而应该是积极地转变国家职能和机构，使之成为一个精干、统一、高效的现代化政府。所谓"大社会"，是把不宜或不应由政府承担的行政实体转为社会实体，并尽量扩大社会承担的服务事业和公益事业，使之成为拥有广大群众基础的、具备承办事业实力的大社会。现代化社会应该是服务门类多样化、服务对象广大化的一种大社会。它最大限度地发展社会能量和社会效益，并要充分发扬"社会事业社会办"的崇高精神。

在事业单位体制改革中，我们要瞄准改革的大方向，还要注意解决几

个主要关键:

首先,摸清和抓准改革的"突破口"。就当前事业单位体制改革看,这个"突破口"应是政事关系。因为政事关系是事业单位体制的核心,过去政事不分是事业单位体制的通病,现在政事分开成了事业体制改革的关键。政事分开主要包含四个方面:1.职能分开。政府机关和事业单位的职能不能混用,服务职能和政权职能是截然不同的。混淆结果使两者都不能发挥作用。2.财政分流。事业单位不应像政府财政那样实行统收统支,应该在财政拨款、差额补贴外鼓励自筹资金。3.人事分管。事业单位人员管理不应采取干部管理办法,应根据事业技术人员特点和需要另行管理。4.工资分配。事业单位的分配制度应同政府机关区分开来,按照自身工作需要建立不同的工资机制。

其次,确立和改进事业的管理模式。管理模式是指事业单位管理的模型和形式。以我国事业单位性质种类之繁多,事业单位管理情况之复杂,事业体制改革难易之差异,不可能实行"一以贯之"的办法。否则眉毛胡子一把抓,改革就没有不搞乱、不搞糟的。过去认为只要分类管理是不够的,还得加上分级管理和分层管理,才是一个比较完备的事业管理模式。

管理模式主要包括三个内容:(1)分类管理。一是分类宜粗不宜细。每类事业单位要有实质内容,各类单位之间要有明确界限,事业单位要和各单行法有密切挂钩。二是分类宜合不宜分。行政性事业单位可并入政府机构,生产性事业单位可转为企业,余下则属国家事业单位。三是分类宜全不宜缺。除现有规定各类事业单位外,还可按照一些发达国家的先例,增加"重大建设类"事业,如长江三峡工程规划等,随着现代化建设的发展,这类事业单位将越来越多。由于影响力特大、受益面特大、投资额特大,故以国家直接举办管理为宜。(2)分级管理。分级标准主要是规模、投资、贡献,采用综合系数法进行分级。(3)分层管理。按照法律规定的一级政权分层,目前先分中央、省市、县区、乡镇四层。作为派出机构的专区、城市街道,可视发展情况稳定后再定。

最后，建立和健全事业的法制建设。法制建设是指事业立法、事业执法、事业司法的建制。目前，这三方面建制都还不健全。无法可依、有法不依、执法不严、违法不究，这些现象还不时发生。这使一切事业活动缺乏准绳，也使事业工作人员和公民无所适从，造成了事业中"滥""乱""差""费"现象相当严重，直接影响事业资源的合理使用、事业效益的充分发挥。

事业单位的法制建设要从立法入手。一是分别层次制订。中央负责事业基本法及全国性事业性法规，地方负责地方性事业性法规及重要行业条例，行业负责本行业内事业章程和办法。目前尚缺的"事业法"应及早制订，作为各项事业法规、条例的依据。二是"大统一、小分散"。由于中国之大，不可能一法到底。各地区、各行业的事业情况千变万化。故必须在一个统一的"大法"下制订各个分散的"小法"，以体现事业法制的灵活性、适应性、现实性。

当前事业单位体制改革的基本思路

一个目标，全国事业单位在国家的统一领导下构成一个协作互补的服务大集体。政府作为社会生活的组织者、调节者，对事业单位进行调节、监控、征税、服务。

两个主体，行政实体和社会实体是并行不悖的两个事业主体。政府办少数有关国计民生的重大事业，这条原来的"长腿"要变为"短腿"；社会办大量有关公益福利的一般事业，这条原来的"短腿"要变成"长腿"。

三个结合，实行自管、托管、派驻三结合。重大事业以自管为主，其他事业除自管外，鼓励其推广托管范围，个别事业实行派驻。托管双方的权利义务以协议定之。

四个自主，对有条件的事业单位，可以实行财政收入、人员使用、行政管理、业务安排自立。对其他事业单位，鼓励其收支平衡，奖励其转亏为盈，走企业化的道路。

现在，改革的方向是明确的，改革的战机是紧迫的，我们要解放思想，加快改革步伐，抓住有利时机，建设有中国特色的职能全、机构精、效能高、活力大的社会主义事业大系统。

论中国行政体制改革[*]

伴随改革开放大潮而来的行政体制改革,正以不可逆转的势头展现在我们面前。党的十四大报告提出的社会主义市场经济,为行政体制改革指明了重要的方向。

要在社会主义市场经济下进行行政体制改革,首要的一条是转变传统的行政管理观念。过去,由于长期受计划经济的影响,事无巨细统统由国家来管,而用的都是惯于行政计划的一套,因而在行政体制上形成了大一统、大集中、大包揽的局面。这就不得不造成政府职能纷繁、机构臃肿、人浮于事、效率低下的后果。现在,要实行社会主义市场经济体制,就得把资源配置职能转到市场,并使各种社会事务尽量摆脱行政羁绊。随之,行政体制必然要向宏观调控管理发展。如果没有这种行政管理上的观念转变,就不可能实现市场经济下行政管理的新体制。

为了适应市场经济的需要,必须全面改革行政管理体制,使之从局部的、单项的、直接为主的微观管理转变为系统的、综合的、间接为主的宏观管理。这种改革应该涉及行政管理的各个方面:在行政机制上,要抓住职能转变和宏观调控。过去那种管多、管滥、管细、管死的现象必须改变,因为管多了必然导致管滥,而管细了也会造成管死。现在,政府管理职能要把直接的消极的行政干预,转到统筹规划、掌握政策、信息引导、组织协调、提供服务、检查监督上来,为促进市场经济发展提供有利条件。在行政组织上,要做好理顺关系和精简机构。在理顺方方面面工作关系之上进行机构改革。过去,由于没有抓好职能转变这一环,使几次机构

---

[*] 周世述:《论中国行政体制改革》,《新大陆》1993年第2期,第5-6页。

改革出现了相反的"负效应"。现在，按照市场经济的需要，重新配置职能和机构，实行政企分开和政事分开，就不会出现拆了"庙"还"香火"不断。在行政人员上，要坚持人员分流和定编定员。为使市无弃材、人尽其才，要把裁下人员充实到"产"和其他岗位上去。要推行国家公务员制度，加强人事管理制度化和科学化，不断提高行政效率和管理水平。在行政方式上，要采用综合、间接的管理方法。过去那种单纯靠指令、靠指标、靠行文的办法已行不通。现在，要利用经济杠杆、行政规划、法律制度，使政策、经济、行政、法律手段一起上，互补共济，收到实效。尤以法制更为重要，因为市场经济在一定意义上是一种法制经济。以上这些构成以宏观管理为核心的行政体制的有机整体。

建立有中国特色的宏观行政管理体系还是一个新课题。我们要解放思想，深入实践，为探索社会主义市场经济下的行政体制改革而作出努力。

关于建立有中国特色的行政管理学理论体系的若干问题*

《中国行政管理学》一书即将由中共中央党校出版社正式出版，现将该书导言中的有关内容发表如下，供大家讨论。

近年来我国行政管理学取得的成就

我国的行政管理学研究工作经历了一个曲折的过程，中华人民共和国成立初期，由于种种原因，行政管理学的研究工作被忽视了。直到党的十一届三中全会召开以来，才重新引起党和政府以及学术界的重视。邓小平同志在1980年曾指出："政治学、法学、社会学以及世界政治的研究，我们过去多年忽视了，现在也需赶快补课。"[①] 在这一思想指导下，作为政治学重要分支学科之一的行政管理学的研究工作被逐渐恢复起来。行政管理学科重建工作的重要内容之一就是：研究行政管理理论、探索建立具有中国特色的行政管理学体系、推动行政管理学学科建设的发展。

围绕着这一任务，行政管理学界做了大量的工作，取得了可喜的成就。首先，行政管理学著作像雨后春笋一样在不长的时间内大量出版问世。据不完全统计，自1984年到1992年，仅中国大陆出版的即达100

---

* 周世述、苏玉堂、高凯军《关于建立有中国特色的行政管理学理论体系的若干问题》，《行政与法》1994年第1期，第11-13页。

① 邓小平：《邓小平文选（1975—1982）》，人民出版社，1983，第167页。

余种。其次，这些著作在吸收国外以及中国香港、中国台湾行政管理研究经验和认真研究中国行政管理实际情况的基础上，对总结中国行政管理的特点、突出中国行政管理学特色方面都做了大量有益探索。最后，这些著作在行政管理学的理论框架方面，也进行了大胆的尝试。归结起来，主要有如下几种形式：因素并列式、纵横结合式、主题系列式和板块构造式。这些为今后进一步研究我国的行政管理实际和建立中国特色的行政管理学学科体系奠定了初步的基础。

我国行政管理学研究存在的主要问题

在肯定成就的同时，我们还必须看到，以往的研究工作毕竟还是处在我国行政管理"学科的恢复和重建阶段，不可能达到十分完善的程度，还存在着很多不足之处和亟待解决而尚未很好解决的问题。其中最主要的有两个问题，一个是中国特色问题，另一个是理论体系问题"。

在构建我国行政管理学理论体系时，首先遇到的是中国特色问题。但是，大家公认，迄今为止这个问题并未很好地得到解决。问题的症结主要在于两个方面。一方面，是因为我们对中国的国情和中国行政管理的实际情况研究得还不够。理论是对实际的反映，理论的特色归根到底取决于实际的特色，这是不言而喻的。中国有自己特殊的历史传统和现实状况，这些使中国的行政管理体制包括行政权力结构、职能配置、组织人事、行政管理运行程序、行政管理的监督机制以及行政管理体制的改革等方面都具有中国自己的特点。行政管理学的理论体系只有正确地反映这些特点，才能具有中国特色。另一方面，就是缺乏适当的中、外行政管理比较研究。有比较才有鉴别，才能看出比较对象的各自特点。可是，由于我们对中国的国情和中国行政管理的实际情况还缺乏深入细致的研究，对外国行政管理的情况了解得也不是很深入，所以就很难比较出各国行政管理的根本特点。

以往不少著作为了说明中国行政管理的基本特点，只是泛泛地简单罗列诸如"社会主义性质""共产党领导""为人民服务""管理范围的广泛性""按客观规律办事"等，认为这些就是中国行政管理的特点。我们认为，这样泛泛的讨论，还没有真正触及中国行政管理的根本。比如，这里的前三条，一般地说是所有社会主义国家共同的政治特征，对比还必须深入一步，在比较中论述这些在中国的特殊表现形式及其对中国行政管理的影响和制约作用，这样才能达到揭示中国行政管理根本特征的目的；第四条也是所有社会主义国家所共同的，当然它在中国有其特殊表现形式，如果一定要把它算作中国行政管理的一个特点，那它也只能是一个需要加以改进的缺点，事实证明，由政府包揽一切，把那些管不好、管不了的事都勉强统一起来，已经严重阻碍了社会的发展；第五条则明显地带有夜郎自大的主观色彩，应该说按客观规律办事是各国政府共同追求的目标，没有哪家政府在管理各项事务时故意去违背客观规律，当然，按客观规律办事的主观愿望往往和实际办事效果不一致，这在中国也是如此，所以笼统地说谁按规律办事、谁不按规律办事并不符合实际。

　　构建科学的行政管理学理论框架是建设有中国特色的行政管理学体系这一任务的更加艰巨的一个方面，也是我国行政管理学界十多年来为之奋斗的重要目标。但是，这个目标现在还不能说已经达到了。从已有的研究成果看，前面提到的几种结构方式还缺乏对研究对象的各因素之间、各部分之间内在联系的探索。众所周知，科学研究的目的不在于陈述和罗列现象，而在于透过现象认识事物的本质，探索事物之间的内在联系，只有这样才能将一系列研究对象按其内在规律组织起来，构成严密的理论体系。这一点说起来容易，做起来却很难。拿"因素并列式"来说，它只是将行政管理研究的主要内容诸如行政组织、行政职能、行政领导、行政决策、行政执行等一字排开，虽然内容比较全面，但不便于揭示各因素之间的本质联系。因而它显得比较松散，以致颠倒一下顺序或去掉某些内容都关系不大。这可从各家排列有关因素的多、寡和排列顺序的差异中看得出来。

所谓"纵横结合式",则是另外一番景象。这种方式试图先来研究行政管理的一般原理,然后再按照这些原理去分门别类地研究各个部门的行政管理活动,诸如经济管理、财贸管理、科技文化管理,等等。但是从已出版的这方面的著作看,其一般原理部分的内容排列无非还是"因素并列式"那一套,只是因素的多寡、顺序之先后略有不同而已;其分论部分,由于内容过于庞杂,不易为一部书所包容,因此很难达到作者关于共性与个性相结合的初衷。

"板块构造式"是近年来研究的新成果,应该说比上述两种方式有了很大的进步。主要表现在,它摒弃了将单个因素简单罗列的做法,对各种研究内容进行了较细致的梳理和分类,将同类内容结合起来,组成相对独立的"板块",然后再把若干"板块"联系起来,构成一个整体。这便为研究各"板块"内部诸因素之间和各"板块"之间的内在联系提供了一个较便利的形式。当然,这里也不无值得商榷之处。例如,在归并各个"板块"的时候是否有被遗漏掉的内容?这样归并是否合理?各个"板块"的排列顺序是否达到了历史和逻辑的统一?这些还需要进一步探索。

我们的基本观点和初步尝试

在构建中国行政管理学理论体系的时候,如何体现中国特色?我们认为,行政管理体制的核心问题,是行政管理权力的结构问题。中国有自己特殊的历史、文化传统,有自己特殊的经济发展状况,有自己特殊的政党制度和政治、经济体制,这些必然影响和制约着中国政府的行政管理权力结构,使它具有不同于其他国家的特点。因此,有必要首先就这个问题,从几个典型国家的比较入手,来阐述我国行政管理权力的结构特征。这个特征主要表现在民主和集中的统一,这是把马克思主义原理同中国具体实际相结合的产物,是解决中国问题的根本所在,它贯穿了中国行政管理的全过程和各个方面。

当然，中国行政管理的特点并非仅此一端，以此为核心，中国行政管理的特色还表现在其他许多方面。比如，我国人口和民族众多，情况十分复杂，这必然使我国政府的行政管理职能配置有着与别国不同的特点；中国共产党领导全国各族人民进行革命和建设的长期实践积累了丰富的组织、领导、干部人事管理和科学决策等方面的宝贵经验，事实证明，这些经验贯彻在国家行政管理方面也是行之有效的，充分体现了中国作风和中国气派；中华人民共和国成立以来，中国共产党领导的多党合作和政治协商制度以及人民信访制度等都在不断地改善，形成了我国独具一格的行政监督体系；改革开放以来，证明我们党和政府有信心、有能力领导全国人民根据历史的发展和现实的需要，对经济体制、政治体制和行政管理体制进行革故鼎新，正在开辟一条集各国之长又具有中国特色的行政管理新路。

在充分研究中国的国情和中国行政管理实际的基础上，如何构建科学的行政管理框架，我们试图按历史和逻辑相统一的原则来构筑中国行政管理学的理论体系。所谓历史的，就是从历史实际出发，按照历史发展顺序排列行政管理学的研究内容。这样，可以保持研究内容的完整性和脉络的清晰性。恩格斯曾说："历史从哪里开始，思想进程也应当从哪里开始。"[①]就行政管理来说，无论从人类行政管理活动的起源来看，还是从不同历史时期某一新兴国家的行政管理活动的展开来看，它都不是孤立产生的，都要受具体的历史条件、经济文化发展状况，特别是政治制度的制约。因此，可以说，任何行政管理都是特定条件和环境的产物。这就需要我们抓住行政管理的根本问题即行政权力结构问题，从特定的条件和环境入手来展开研究。条件和环境的变化，又会给行政管理主体提出新的任务和新的问题，于是政府的职能配置、组织机构、运行程序乃至监督机制都要发生相应的变革。当这个变革完成以后，旧的周期完结了，新的周期又随之而

---

① 马克思，恩格斯：《马克思恩格斯选集》第2卷，人民出版社，1972，第122页。

开始。这就是行政管理产生和发展的基本历史脉络。

根据这一历史脉络，本书将二十三章的内容分为六编。第一编行政管理环境和行政权力的结构特征，第二编国家行政管理职能，第三编国家行政管理主体，第四编国家行政管理的运行过程，第五编国家行政管理的监督机制，第六编国家行政管理的发展与改革。

仅仅从历史的角度去陈述研究对象是不够的，这还停留在罗列现象阶段。我们还必须从逻辑的角度透过现象，深入到研究对象的内容，探索它们的内在联系，达到历史和逻辑的统一。

因此，我们在第一编中选择了苏联、美国、法国和中国作为比较对象，从各国的行政环境入手，探索行政环境对各国行政管理权力结构特征的制约关系；第二编则主要阐述我国行政管理职能配置与我国社会发展变化的对应关系，以及内、外职能的辩证统一关系；第三编重在探讨我国行政组织机构及组织理论、领导方式和干部制度的特点，论证行政组织优化与行政人员素质、管理方式的对应关系以及建立有中国特色的公务员制度的必要性和特点；第四编阐明行政决策、行政执行和行政效率的相互作用原理；第五编考察行政过程与行政监督系统的制约机制；第六编从我国行政管理的历史、现状和发展趋势着眼，在总体上把握我国行政管理发展与改革的基本规律，论证我国的行政管理体制改革必须尊重历史传统、国情特点和适应世界潮流的基本思想。

我们在这里反复强调从中国的国情和行政管理实际出发来建立有中国特色的行政管理学理论体系，对此，也许有人会说，你们这不是经验主义吗？我们说，这不能叫经验主义，我们并不否认行政管理普遍规律的存在，但我们认为，普遍规律存在于特殊规律之中，主张先从各国行政管理的特殊规律入手，然后逐步地达到对于普遍规律的认识和总结。毛泽东同志说过："就人类认识运动的秩序来说，总是由认识个别和特殊的事物，逐步地扩大到认识一般的事物。人们总是首先认识了许多不同事物的特殊本质，然后才有可能更进一步地进行概括工作，认识诸种事物的共同本质。"① 在普遍规律尚未总结出来之前，谁违反了这一认识秩序，谁就注定要失败。在人类认识史上，这方面的事例是很多的。据说，美国公共行政学会于1960年成立了一个比较行政学小组，其宗旨是试图建立一种"无所不包的理论模式"，但结果还是由于缺乏对各国行政管理的深入研究而归于失败。

  我们既反对不切实际的空洞的理论研究，也反对科学认识上的不可知论。只要按照科学的认识规律来办事，普遍规律是终究可以认识的。如果弄清中国行政管理的特殊规律，将会给总结各国行政管理的普遍规律创造有利条件，因此，这项工作不仅对中国行政管理的实践具有现实意义，而且对具有普遍性的行政管理学理论的建立有着理论意义。

---

① 毛泽东：《毛泽东选集》（新版）第1卷，第309-410页。

从世界行政动向看我国行政变革

——兼祝《行政与人事》出版 100 期

作为上海行政界和人事界窗口的《行政与人事》，从创刊到现在已经出版整整 100 期了。它经历了平易而不寻常的足足 8 个多年头。在世界范围内，各国行政为了适应各自的政治经济变化，都作出了相对剧烈而程度不同的演变和进展。在中国大地上，春风浩荡的行政改革大潮，推动了改革开放和现代化建设的深入发展，它对经济建设、人民生活、综合国力都起到了巨大作用。中共十四大以来，社会主义市场经济体制建设已在启动，更要求行政体制改革加速跟上、紧紧配合。这是时代的必然趋势。

行政变革已成为当代世界行政发展的主旋律。国无大小、地无东西，只要政治经济形势一有变化，就不可避免地导致行政变革，否则难以适应形势变化的需要。尽管改革的路子、取向不同，改革的模式、走势有别，但总的要求都是为了发挥政府作用，提高行政效率。所以，行政变革是世界行政发展的永恒主题，中国自然不能例外。这应该是毫无疑义的。

当前，我国行政改革，既要立足于中国国情，逐步建立与市场经济配套的行政体制，为加速现代化进程服务；又要深入研究世界行政发展动态，参考借鉴外国行政有益经验为我所用，做好我国行政与世界行政接轨工作。为此，我们必须了解当今世界行政的几个主要动向：

一是行政机构的集约化和外移化。机构改革是第二次世界大战以来各国行政的共同趋向。其核心所在是调整政府职能，下放行政权力，精简机构人员，与此同时，还得推行行政职能的外移化，把部分公共职能交由社会分担。最近，英美诸国都在发展社会中介组织，并已达到政府机构的

2/3 和 3/4。我国在大力精简政府机构的同时，亦应考虑社会中介组织的作用形式。

二是行政人力的资源化和市场化。以人力资源管理取代传统人事管理，是世界行政发展的新动向。把人力资源视为社会的稀有资源，并通过市场进行人力配置和开发。由于这一新概念的形成和推动，各国纷纷组建新的人力资源管理部门，设立新的人力资源流通网络，起到了不同于传统人事管理的功能。我国大城市中设有各层次人才市场，对促进人才交流，发挥人才机制初具成效。

三是行政关系的扩大化和公开化。为了扩大和加速民主化进程，各国都以不同形式实行公民参与政府决策，更为普遍的是制订法律允许公民查阅政府档案，取得政府咨询。20世纪90年代以后，不仅瑞典、美国、法国扩大政务公开范围，而且意大利、丹麦、比利时亦在增加政务透明度，便于公民了解政府举措，以使公民易于监督政府。我国正在加紧民主化、法治化建设，对于政务公开化考虑应多从实效出发。

四是行政规划的策略化和技术化。由于世界环境的迅速转变，国际竞争的日趋激烈，策略规划已成为20世纪80年代后的行政热点，不仅美、英、日、加等国已在成功地推广，就连地处太平洋人口仅50万的加林岛国，亦在广泛应用这种技术和工具。现在，全世界策略规划已有49种，其中普遍适用的已达30余种，对行政发展和宏观调控裨益甚大。我国对此亟须探索研究应用，以缩短与西方国家在这方面的差距。

五是公共行政的国际化和区域化。当今世界，各国之间交往接触日益频繁，各国之间协作互赖更加密切，随之国际性和区域性组织的作用也愈益重要。例如，美国洛杉矶市已有50%的产业属日本人所有，欧洲共同市场已有3.3亿的消费者来自世界各地。这就要求各国对面临的共同问题，使政府行政具有更大的国际性和区域性。我国现正进行复关前准备工作，在行政改革中就得考虑这种新形势。

中国当前行政管理现代化问题[*]

——对开创"中国公共经营管理"的看法

从1978年开始,为了适应世界范围的社会经济科技发展大潮,中国开始进入史所未有的行政现代化进程。

经过十七年来的改革开放,中国行政现代化取得光辉卓越的成就。我国行政现代化已经历了四个阶段,即:一、中共第十一届三中全会提出,以"四个坚持"为中心,把党和国家的工作重点转移到经济建设上来;二、中共第十二届三中全会提出,在社会主义公有制的基础上实行有计划商品经济;三、中共第十三大提出,坚持"一个中心,两个基本点",把党和国家的全部工作转移到服务的轨道上来;四、中共第十四届三中全会提出,坚持四项基本原则,建立社会主义市场经济体制。按照马克思主义基本原理,经济基础决定上层建筑,上层建筑也对经济基础发挥能动作用。作为上层建筑主导部分的行政管理,如何适应社会主义市场经济体制,这是当前中国行政改革和行政现代化的主要课题。

通过十七年来的行政改革,我国提出一系列的具体改革举措,使我们的行政管理换上了崭新面貌,在思想观念上也大大提高了一步。

我认为这主要表现在:(1)提高了中国行政管理必须是社会主义性质的认识。尽管我们提出"洋为中用",其目的不是为了在行政管理中推行洋化,是为了吸取其中的科学内容和先进经验,使我们更好地发挥行政管理的作用,故重点在于为我们所用的"用"字上。(2)明确了行政管理要

---

[*] 周世逑:《中国当代行政管理现代化问题——对开创〈中国公共经济管理〉的一些看法》,《公共行政与人力资源》1995年第2期,第39-40页。

走我们自己的道路。事实证明，单纯的移植和嫁接，总是无济于事的。在中国这块土壤上，只有经过转化和深化了的东西，才是具有旺盛生命力的，才能真正生根、开花、结果。(3)提出了行政管理向企业化发展的必要性。企业化就是要把企业管理中的观念及共通的、先进的、有效的程序性和操作性的内涵放到行政管理中去实验、试用、改善、推广。企业化绝不是不管条件硬把行政实体变为企业实体，也不是把行政与企业混在一起重蹈"政企不分"的覆辙。

从历史上看，美国科学管理的先驱者泰勒从生产管理中总结出来的一套程序操作方法，半个多世纪来一直受到行政管理界的称道赞赏，事实上有些原理原则早已在行政管理中被长期沿用。因此可以说，行政企业化是早已实际存在了的。例如，1995年8月上海中德学术研讨会上，德国行政学者毕佳士提出一种"面向公民服务"的公共行政概念，其实这种观念不是近年才发现的。早在十年前的1985年10月，就有中国行政学者提出了"国家行政管理必须面向服务"的观点。行政模式是行政管理的核心问题，它包括观念、体制、任务、运行和做法。我国的行政模式，已从统治、控制发展到服务模式。这个模式是把国家行政活动归纳到为群众、为企业和基层、为整个国家服务的轨道上去，服务模式完全适合我国社会主义现代化发展的需要。

现在，为了外应国际公共管理发展的趋势，内应我国行政现代化的要求，我认为有可能也有必要开展"中国公共经营管理"的研究。这个研究主要围绕现阶段行政管理现代化搞什么？就时代意义来说，这个研究对我们既是个挑战，又是个机遇。时候到了，机不可失。

"公共经营管理"这个研究是前所未有的。过去，我们行政学界只谈管理，讳言经营。这是因为行政管理强调的是国家性，行政机关执行的是国家意志，不许以营利为目的，好像一接触营利，就不是社会主义似的。同时因为行政管理缺乏的是可衡量性，尽管在20世纪30年代中，美国盛行过行政效率量化的研究，但也只是提出若干综合和间接指标。不谈经营，不谈量化，行政企业化自然就寸步难行了。君不见国家行政预算日益膨胀到越来越难以承担的地步，君不见有些国有企事业危机四伏到简单再生产都无法维持的境遇，这难道不是"国"字当头，不论经营的必然后果吗？所以，我们为了推行行政企业化，不能不研究公共经营管理的概念，不能不讲求公共经营管理的举措，不能不培养公共经营管理的人才，否则到头来就什么都落空。

为此，我就以下三个问题提出一些商榷意见：

一、研究新的公共经营管理概念。其具体涵义有三：第一是科学管理。我们实行行政企业化，要以科学管理为基础，没有管理科学化，就无法实现企业化。经营与管理总是连在一起的。脱离科学的企业化，是不可思议的，也会走入歧途。第二是智能服务。行政人员光有赤胆忠诚是不够的，还要有广泛的科学知识，精湛的管理技能，为群众、为企业和基层、为整个国家服务。"领导就是服务""少说空话，多做实事"，这是一条至理名言。第三是效益核算。这是过去行政所没有的。实行公共经营管理，要对有形成果进行量化分析，对无形成果进行综合测评，否则效益就不是实实在在的，行政企业化必然要涉及价值、成本、收益、投入、产出等概念，这是无可回避的。

二、试办几个公共经营管理项目。随着行政企业化的不断开拓，公共经营管理项目将逐步开发，目前已有下列项目可供研究：（1）行政决策咨询。对某些行政策略，进行诊察诊断，提出咨询意见。（2）行政信息传输。信息是行政管理的重要资源，可以采用经营方式，进行有价买卖，或作有偿出让。（3）行政任务承担。如办一个带有科技性的行政规划，办一个有培训任务的行政班、校。（4）行政效率开发。如果效率低下，就得找原因，找措施，提出提高效率的最佳方案。（5）行政诉讼代理。依法行政，往往发生行政纠纷，也会引起行政诉讼。律师代理是一条路，自己办案也可考虑。以上各项，都需要组织机构承办，或是社会中介式机构，或是社团法人式机构。

三、培训一批公共经营管理专家。企业既有高级企业家,行政也应有高级行政家。这批高级行政家,既要懂行政又要懂企业,既要懂管理又要懂经营,既要具备工、商、政、法多方面的科学知识,又要掌握公关电脑操作、谈判等实际技能。当然政治素质是属于第一位的。这样的行政家是当前行政企业化时代迫切需要的。十年树人,未雨绸缪!

二 纺织管理类论文

论棉纺企业劳动生产率的计算方法

——关于采用"劳动折合产量"指标解决劳动生产率计算中的品种比差问题的刍议*

提 要

本文研究棉纺企业现行各种方法计算劳动生产率指标中所产生的品种差异问题。"劳动折合产量"就是通过分打和计算方法,求出各种纱支的费工比例,从而制定出来的一种统计指标。这种指标可以消除计算中发生的品种差异,使劳动生产率比较正确地表现出来,同时可供制订各种棉纱比价的参考。

劳动生产率是企业工作质量的一个综合指标。正确计算企业劳动生产率,不仅可以直接反映企业工作的成效,还可以揭示技术、组织等因素对这方面影响的程度。

怎样正确理解和计算这个指标,曾经引起了苏联经济学界[①]和我国统

---

* 周世述、钱云青:《论棉纺企业劳动生产率的计算方法——关于采用"劳动折合产量"指标解决劳动生产率计算中的品种比差问题的刍议》,《华东纺织工学院学报》1957年第4期,第28—39页。

① 关于苏联经济学界讨论劳动生产率指标问题的情况见苏联《经济问题》杂志1955年6、9、11各期,苏联《社会主义劳动》1956年4、9期,及《统计译丛专辑》1957年第5辑等。

计界[①]的广泛讨论。在我国棉纺企业中，争论问题中比较突出的一个是：计算劳动生产率指标中的品种差异问题。这个问题不仅涉及统计理论，而且具有很大的实际意义。

本文先对棉纺企业现行各种计算方法作出分析，然后在这基础上提出一个初步解决办法，并对这个刍议的理论和实际加以论证。

问题的提出

我国棉纺企业对于劳动生产率所采用的计算方法不外四种，就是按照混合产量、标准产量、千公斤支和不变价格计算。除了最后一个是价值指标以外，其余都是实物和标准实物指标。尽管这些指标的计算方法不同，但是根据它们所得到的结果都有个共同点，就是计算出来的劳动生产率都产生了幅度不同、趋势不同的品种比差。这种比差不仅造成了统计结果的参差状态，而且形成了对企业生产的不良影响。

现在我们把这四种计算方法作一概述如下：

（1）按照混合产量计算，就是按照实物产量不论品种直接综合而成为混合产量，再按平均在册工人数求出劳动生产率。在这种计算方法下，各种不同棉纱直接相加，也就是不问纱支高低一律计算。根据这种方法计算的结果，劳动生产率出现了幅度很大的品种逆比差，就是纱支愈高，劳动生产率却愈低。

造成这种逆比差的原因是显而易见的。因为纱支愈高，费工愈大，单位时间内的产量愈小，而表现为劳动生产率也愈低。同时，由于任何产品的折合比例都是1，那么按混合产量计算的劳动生产率，实际上等于实物产量表现的劳动生产率。图1表示按混合产量计算劳动生产率的品种比差。

---

① 关于我国统计界讨论劳动生产率指标计算问题的情况见《统计工作通讯》1956年11、18、21、22各期，及《统计工作》1957年2、5各期等。

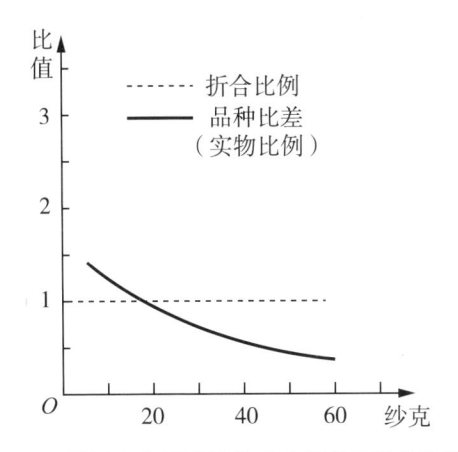

图 1　按混合产量计算劳动生产率的品种比差

（2）按照标准产量计算，就是对实物产量依一定标准折成标准产量，再按平均在册工人数算出劳动生产率。这里采用的标准产量是 20 支棉纱，折合标准是机器生产率的反比例（按产量折合率则是机器生产率的正比例），也就是机器生产率愈低的高支纱，折成 20 支纱的件数比例愈大。根据这种方法计算的结果，劳动生产率出现了幅度较大的品种正比差，就是纱支愈高，劳动生产率也愈高。

为什么会产生和上面（1）相反的品种正比差呢？因为实物指标表现出来的反比例，被抵销于折合标准本身所有的幅度更大的正比例。这个品种正比差是由实物指标比例和折合比例交织抵消的结果。图 2 表示按标准产量计算劳动生产率的品种比差。

（3）按照千公斤支计算，就是根据实物产量依照千公斤支折算，再按平均在册工人数求出劳动生产率。在这种计算方法下，折合标准虽然是公斤支数，但实际上由于每件棉纱质量相等，反映到折合比例的只是支数一

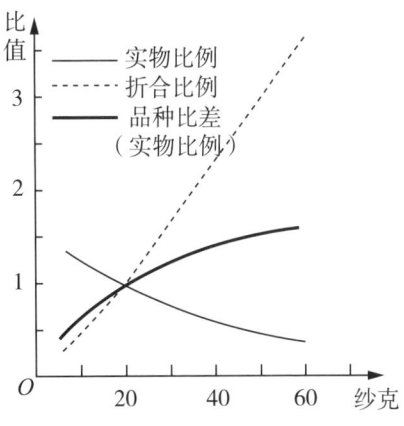

图 2　按标准产量计算劳动生产率的品种比差

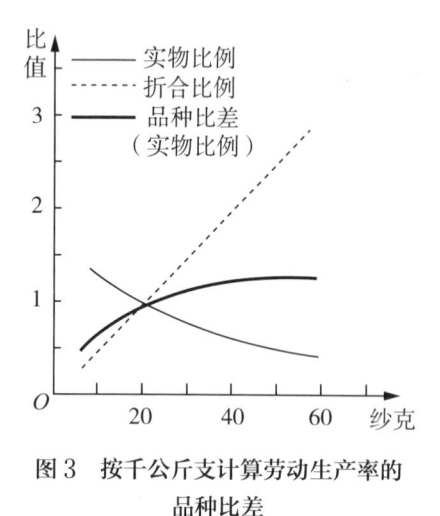

图3 按千公斤支计算劳动生产率的品种比差

个因素。根据这种方法计算的结果,劳动生产率出现了幅度略小的品种正比差,就是纱支愈高,劳动生产率也愈高。

造成这种正比差的原因和上面(2)相同,只是折合标准表现的比例幅度稍小,所以反映到品种的比差幅度也较小。这种正比差也是实物指标比例和折合比例交织抵消的结果。图3表示按千公斤支计算劳动生产率的品种比差。

(4)按照不变价格计算,就是按照产量和产品的不变价格计算后,再按平均在册工人数求出劳动生产率。由于原料占着价格很大的比重,使其他因素所占比重相对降低。结果各种纱支的比价显得平稳,也就是它所代表的比例幅度狭小。根据这种方法计算的结果,劳动生产率出现了幅度较小的品种逆比差,就是纱支愈高,劳动生产率愈低。

这种逆比差也是由两个因素交织而成的。实物指标表现出来的反比例,其幅度比棉纱比价的幅度大,因此两相抵消后还剩下一个品种反比差。这情况和上面(2)(3)都不相同。图4表示按不变价格计算劳动生产率的品种比差。

上面各图根据本文附表所列数字以20支纱为1算出的各项比例和品种比差作成。

由上可知,在上述计算方法下,

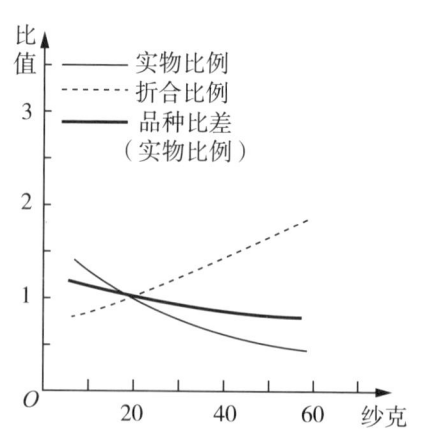

图4 按不变价格计算劳动生产率的品种比差

都不可避免地产生品种比差，尽管幅度大小不同，尽管趋势正逆不同。虽然在理论上这些指标具有不同的作用，但是采用它们计算劳动生产率却得到了不同的结果，甚至有时得到了完全相反的结果。按照一种指标算出的劳动生产率可能上涨，但是按照另一种指标计算的结果却可能下降，所以品种差异的存在是不合理的，那么我们根据什么来确定劳动生产率？

不合理的品种差异的存在，必然形成了所谓"有利"与"不利"产品。所谓"有利"产品是指费工实际较少而折合上比较合算的产品。所谓"不利"产品是指费工实际较多而折合上比较吃亏的产品。根据政府最近颁布的《关于改进工业管理体制的规定》，劳动生产率指标已经不作为指令性的指标。这仅仅减轻"有利"与"不利"产品区别对企业产生的不良作用，而劳动生产率指标的虚假表现问题却依然存在。

我们还要注意目前存在于棉纺生产的一个情况：就是棉纱的平均纱支正在不断提高。这是人民生活条件改善和节约原棉用量造成的必然趋势。1955年，全国棉纱平均纱支还只有24.01。到了1956年，平均纱支已经逐步提高到24.09支。[①] 但是，由于棉纱的平均纱支的提高，纱支对于劳动生产率表现的影响将愈加显著。因此，如何消除品种差异的问题，仍有实际的意义。

"劳动折合产量"指标的计算原理

任何经济指标，都不是为了抽象地起到某种作用，而是要为一定的经济任务服务的。作为一个合理的劳动生产率指标，必须能够保证满足一个根本要求：就是正确地反映劳动生产率的实际情况。反过来说，劳动生产率不应该由于品种影响而被歪曲表现。这种情况反映在计算劳动生产率指标中发生的品种差异上面，就是用相同劳动量投入不同品种获得完全不同

[①] 全国棉纱平均纱支见纺织工业部《1956年全国纺织工业统计年报》企业基本情况部分。

的工作成果。显然，上面四种指标都不能满足这个根本要求。

为什么用这些指标计算的结果都产生了品种比差呢？从上面分析可知，现行各种计算方法都有个共同点，就是都以实物产量为基础，按照一定标准和比例折合而成。也就是说，任何方法算出的劳动生产率，都是两个因素——实物产量指标和产品折合比例相互交织而成的结果。既然实物产量指标对任何方法都是相同的，那么用于区别各种方法的主要因素只有产品折合比例了。而品种比差的形成恰恰是由于折合比例不同。由于这些折合比例与实际费工比例不相符合，也就是它不代表产品实际消耗的劳动量，以致由此计算出来的劳动生产率产生了不合理且非常明显的品种差异，如果要消除这种品种差异，就必须要求产品折合比例和品种费工比例一致，就必须要求这个比例代表产品实际消耗的劳动量。不然，这种品种差异是不可能消除的。

因此，要使一个指标能够满足上面这个要求，就得在实物产量的基础上面，采用劳动消耗量为折合标准，使各品种间的折合比例等于实际费工比例。这个指标就是"劳动折合产量"指标。

这种"劳动折合产量"指标，除了以实物产量为基础这一点以外，和上面各种指标可说没有共同之处。它不用货币表示，这和不变价格指标有区别。它不把产量直接相加，这和混合产量指标有所不同。它不用长度表示，这就区别于千公斤支指标。它虽然是一种标准产量指标，却又和现行的这种指标不同。因为它不按机器生产率折合，而按产品费工比例折算。它的特点是把各种产品按照品种费工比例折成标准产量。而费工比例则依各种产品的定额劳动量对标准产品的定额劳动量之比求出。这样才能够确保产品折合比例和实际费工比例真正一致。

可见这种指标是把实物产量按照产品定额劳动量算出的品种费工比例折合成为标准产量。在这种计算方法下，劳动生产率是用标准产量来表现的，并不根据产品劳动量直接计算。产品定额劳动量是品种劳工比例的折合依据；没有了它，就无法正确表现劳动生产率。这种指标既然不用产品劳动量直接计算，就和一般所谓劳动指标有所不同。

显然，问题的关键要看品种费工比例是否可靠，而这个关键却又决定于产品定额劳动量的计算。也就是说，产品劳动量计算的准确程度直接影响劳动生产率计算的准确程度。但是，目前定额劳动量在计算上还有一定程度的困难。例如工作条件难以确定[①]，定额不是固定不变的[②]。诚然，工作条件是以企业情况为转移的。但像棉纺生产一类的企业，即使生产各种不同的纱支，由于机器设备的专业化，由于所用原料的单一性，由于工艺过程的比较稳定，企业工作条件是基本上相同的。同时，任何定额不应理解为一成不变。由于企业情况是在不断发展的，可能引起产品劳动量的变动。假使如此，也可以利用修正系数来对现行定额加以修正，这是完全合理而且不是不能做到的。

因此，定额计算法在技术上是有困难的，但不是不可以克服的。为了使计算结果准确可靠，必须采取一种准确的计算方法。反过来说，如果采取一种不准确的计算方法，那么计算结果就不易准确。这就需要我们略涉一下目前采用的计算方法。

用以确定产品劳动量的方法一般有两种：

一是经验统计法，就是各种产品的劳动量直接从劳动工时统计资料中算出。这种方法的优点是简单易行。因为任何一个企业都有这种现成资料。但是这种方法的缺点却很多。其一，统计资料只代表过去成绩，而且一定是个平均数，因而必然缺乏先进的意义。其二，不准确，因为许多间接劳动量无法按品种直接求出，结果只能借助于分摊法。其三，每个企业的情况各有不同，甲厂资料不能用于乙厂，所以不能作为标准定额。

二是成本推算法，就是按照产品成本中的工资数根据单位工时平均工资求出。这种方法和上面一种相比，它的准确程度不如前者，而计算手续

[①] R.Jl.格尔楚克在苏联科学讨论会上的发言，见《统计工作》1957年第2期，第8页。
[②] 维什涅夫斯基原文是指定额工资，因实质上与定额工时无异，故引证。见《经济译丛》1957年第3期第62页。

则较前者尤其繁复。因为从计算手续上看，它不仅要求算出单位产品的工资费用，还要算出企业生产工人的平均工资。从准确程度上看，由于因素复杂和变动频繁，无论单件工资还是平均工资，计算结果都难以精确。至于间接工资分摊困难，以及各厂情况无法相比的缺点，都和上面的方法相同。

可见上面两种计算方法都不是准确可靠的，因而也就不能满足我们的要求。

科学地、准确地计算产品劳动量是采用"劳动折合产量"指标的前提。因为只有准确的产品劳动量计算，才能提供准确的品种费工比例的根据。目前在棉纺企业中，准确计算产品劳动量已有可能。这是由于棉纺生产机器设备的逐步定型，由于劳动组织与生产组织的日趋完善，由于工艺技术设计方法的广泛施展。因为具备了这几方面的条件，使制定产品劳动量定额成为可能。这种确定劳动量的方法就是"分析设计法"。

所谓"分析设计法"就是对生产、技术、组织条件通过分析并在工艺技术通盘设计的基础上面对产品劳动量进行计算的方法。这种方法和上面两种是完全不同的。它不是根据经验统计资料，也不是根据比较推算结果，更不是根据间接分选方法，而是从实际生产情况出发，对各种产品进行直接计算的结果。因此，这种方法具有先进的意义、事实的根据和比较正确的结果。

"分析设计法"主要包括下面三个步骤：

（1）分析。首先，对于有关产品生产的条件，包括生产、技术、组织等，进行详细的分析，以便对劳动生产方面的因素加以掌握。在分析时应该注意几个原则：机器设备尽量要求采用标准式，工艺条件要力求统一和可比；劳动组织与生产组织要合理。只有符合这些原则的分析，才可以作为进一步设计的基础。

（2）设计。产品劳动量由两个因素构成：一定期内生产的产品数量和为生产这些产品消耗的劳动量。产品数量：这个因素必须通过工艺设计来确定。工艺设计包括各道工序的产品特征、产量定额以及需要设备数。劳动消耗量这个因素则要根据定员设计来确定。定员设计包括各个车间、各个工种的工人定员。在定员时应该根据与工种直接有关的工作定额。目前棉纺企业大部分工种都有一定根据的工作定额。

（3）计算。最后根据设计方案进行计算。产品数量是用产量定额和需要设备数的乘积表示的。而劳动总量则用工作定额除工作总量而得工人定员人数，再与每人在同时期内的实际工作时间相乘就是劳动总量。这里的定员人数是指在册人数。然后用产品数量来除劳动总量就得到单位产品劳动量。

上面是单位产品劳动量的计算方法。在实际计算过程中，应该考虑我国棉纺企业工艺及定员方面的实际水平，使制定出来的劳动量定额既先进而又现实。最后按照各种产品的劳动量求出相对于标准产品的费工比例。这便是"劳动折合产量"指标的折算依据。

（本文附件"关于劳动折合产量指标表现劳动生产率的实例计算"，就是通过上面这种"分析设计法"试算的一个实例。）

根据"分析设计法"算出的劳动量定额适用于一般的棉纺企业。如果棉纺厂的具体情况有所不同，可以利用少数定额修正系数进行修正。目前影响定额较大的几个因素有：设备类型、品种复杂及变更程度、原棉品质、生产规模等。对于这些因素，应该通过设计或实验，制定出合理的定额修正系数。但企业本身可以掌握的因素（如一般工艺参变数）不应另订系数，以免失去利用定额进行评比的作用。

必须指出，这种"分析设计法"还在试验阶段，许多缺点有待于进一步改进，若干工种的工作定额根据不足，因此，是远远没有达到完善的境地的。但是，它为计算产品定额劳动量指出一个正确可靠的方向；同时，对"劳动折合产量"指标来说，也是一个必不可缺的依据。

现在根据"劳动折合产量"指标来计算劳动生产率。在这种计算方法下，实物产量按照品种费工比例折合标准产量，再以平均在册工人数来除就得到劳动生产率。由于实物指标比例和品种费工比例恰恰抵消，使求出

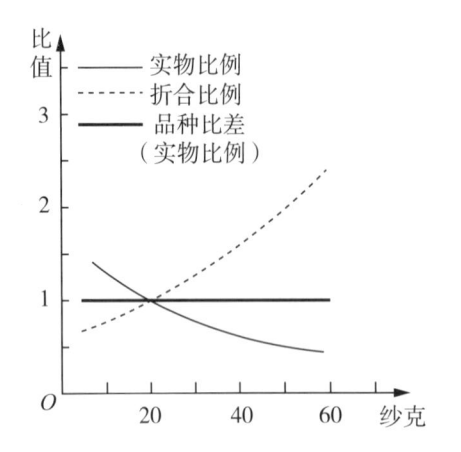

的劳动生产率完全消除品种差异。图5表示按"劳动折合产量"计算的劳动生产率（以20支纱作1）。

最后，还要把"劳动折合产量"指标和前面四种计算方法所得的劳动生产率，作一比较，如附表。这些劳动生产率计算是根据完全相同的工艺技术资料获得的。从附表比较可见，只有按照"劳动折合产量"指标计算的结果，才使劳动生产率能够完全摆脱品种的影响。这个事实证明：采用"劳动折合产量"指标来解决劳动生产率计算中的品种比差问题是完全可能的。

图5 按"劳动折合产量"计算的劳动生产率

"劳动折合产量"指标的理论根据

然则"劳动折合产量"指标的根本性质是什么？具体地说，"劳动折合产量"究竟是产量指标？还是劳动指标？只有弄清楚了什么是它的根本性质，才能够进而探讨它有什么理论根据。

先谈"劳动折合产量"指标的性质问题。

"劳动折合产量"指标是用来表现劳动生产率的。什么是劳动生产率？马克思曾经下过一个经典解释："劳动生产力的增加，在这里，一般理解为劳动过程中的变化，它会缩短生产一个商品的社会必要劳动时间，使较小量劳动生产较大量使用价值的力量。"[①]

---

① 马克思：《资本论》第1卷，人民出版社，1956，第374页。

附表　棉纺企业各种劳动生产率计算结果比较表

指标	项目	单位	棉纺品种					
			6支	10支	20支	32支	40支	60支
实物产量指标	产品数量	千件/年	177.57	106.36	56.34	30.31	22.31	14.13
	在册人数	人	3 622	2 348	1 622	1 205	1 044	952
	劳动生产率	件/(人年)	49.03	45.30	34.73	25.15	21.37	14.84
	比例	%	1.411	1.304	1.000	0.724	0.615	0.427
混合产量指标	折合标准	件	1	1	1	1	1	1
	比例	%	1.000	1.000	1.000	1.000	1.000	1.000
	劳动生产率	件/(人年)	49.03	45.36	34.73	25.15	21.37	14.84
	品种比差	%	1.411	1.304	1.000	0.724	0.615	0.427
标准产量指标	折合标准	%	0.304	0.480	1.000	1.800	2.422	3.830
	比例	%	0.304	0.480	1.000	1.800	2.422	3.830
	劳动生产率	件/(人年)	14.90	21.74	34.73	45.27	51.76	56.85
	品种比差	%	0.429	0.630	1.000	1.303	1.490	1.634
千公斤支指标	折合标准	千公斤支/件	1.843	3.074	6.147	9.834	12.294	18.441
	比例	%	0.299	0.484	1.000	1.599	2.000	3.000
	劳动生产率	千公斤支/(人年)	90.35	139.24	213.52	247.34	262.75	273.75
	品种比差	%	0.423	0.652	1.000	1.158	1.231	1.282
不变价格指标	折合标准	元/件	564.4	575.5	695.1	841.7	979.7	1258.3
	比例	%	0.812	0.828	1.000	1.211	1.409	1.809
	劳动生产率	元/(人年)	27.669	26.068	24.144	21.170	20.938	18.679
	品种比差	%	1.146	1.079	1.000	0.877	0.867	0.774

（续表）

指标	项目	单位	棉纺品种					
			6支	10支	20支	32支	40支	60支
劳动折合产量指标	折合标准	%	0.706	0.766	1.000	1.383	1.628	2.345
	比例	%	0.706	0.766	1.000	1.383	1.628	2.345
	劳动生产率	件/（人年）	34.73	34.73	34.73	34.73	34.73	34.73
	品种比差	%	1.000	1.000	1.000	1.000	1.000	1.000

注：1. 本表根据本文附件"关于劳动折合产量表现劳动生产率的实例计算"资料刊出。生产规模一律为5万细纱锭。

2. 标准产量折合标准系现定比例，千公斤支以每件181.44公斤与公支乘积计算，劳动折合产量折合标准即费工比例。

这里虽用了劳动生产"力"这个名词，但它的涵义显然是指"率"，也就是指劳动量与产品数量之间的对比关系。在这个对比关系中，劳动生产的产品数量是主要的一面，就是劳动生产率必须通过产品数量表现出来。

那么什么是产品数量呢？R.克瓦沙认为既然指"使用价值的力量"，就必须是"具体产品"而不是"生产工作量"（劳动量），而"劳动计算法的优点恰恰在于表示生产工作量的能力"[①]。我们知道，实物产量是产品数量表现的一种。它只能在有限的范围内应用，即使像产品结构差别很小的棉纱也是不可比的。所以问题在于怎样使产量适当地表现，而不能把"具体物品"概括成产量。

"劳动折合产量"是一种标准产量，就是通过标准产品表现的折合产量。按它所折成的产品来说，并不具备任何物理属性，因此不是一般的产量指标。虽然这些产品原先都是实物，折合后却变成了标准产品。作为一种折合产量指标，它表示一个工人实际做了多少工作，以及这些工作折合

---

① R.克瓦沙：《论劳动生产率的计算》，苏联《社会主义劳动》1956年第4期。

了多少产品,也就是这个工人提供的"工作成果"①。"工作成果"更确切地表现工人的生产成绩,因为这种成果代表工人创造的实际价值。

可见这种指标的性质是非常明确的。尽管如此,特雷卡尔金还是认为不可理解:"用活劳动计划和计算产量的问题是属于未来的事。……如果有人说某纺织厂生产价值 11 万卢布的棉布,我们听了心里总是会有个数的。如果有人说该厂生产相当……于 5 千定额工时的棉布,那么这个数字该多么格格不入,听了等于没有听。"② 关于价值指标应否保留将在后面论述,问题在于怎样正确理解这个指标。显然,用劳动折合产量变现和用劳动量直接表现是不同的。尽管这两者在计算上只有一步之差,但毕竟还是性质迥异的两种表现。

如上所说,"劳动折合产量"是一种折合产量。它虽是按劳动量算出的费工比例折合,但究竟不是用劳动量直接表示的,所以不是一般的劳动指标。这种指标具体表现的,是某种产品的折合产量,不是工时计算的劳动量。在这里劳动量所起的作用,不是作为这种指标的基础,而是作为折算上的标志。这种指标的基础是实物产量。因此,这是性质迥异的两种表现。一则,折合产量无论如何是表示某种产量的,而劳动小时怎么也只是劳动量。仅仅依靠增加劳动量是不能促使劳动生产率增长的。再则,采取定额小时与实际劳动量之比,只能表明工时利用的程度。要正确表示劳动生产率,那么非借助某种产量表现不可。

所以按劳动折合产量计算,和按劳动量直接计算是截然两事。涵义不同,结果不同。即使用实耗工时来代替定额工时,也填塞不了横在两者之间的鸿沟,而实耗工时的缺点显得更加严重。因为从理论上说,对比关系的两个因素既然相同,就失去了它所表达的意义。同时,采用实耗工时下,如果工人人数不变,工时利用也不致变得很多,那么这种表现的实际价值就不很大。最后,劳动量直接计算下,劳动量消耗愈大,"工作成果"

---

① 上海财经学院:《关于工业总产值问题讨论的综合记录》,《财经研究》1957 年第 1 期。
②《苏联关于总产值问题的讨论》,《经济译丛》1957 年第 3 期。

也显得愈大。而在劳动折合产量计算下，由于以生产的实物产量为基础，是不可能产生这种夸大指标的虚假现象。

综上所说，"劳动折合产量"不是一般的产量指标，也不是一般的劳动指标。而是一种以实物产量为基础用劳动量折合的标准产量指标。这就是这种指标的全部意义。

现在来谈"劳动折合产量"指标的根据问题。

在社会主义制度下，劳动生产率是不断增长的。这是社会主义劳动生产率不断增长的规律[①]作用的结果。"劳动折合产量"指标既然用来表现劳动生产率，就必须受着这个规律的指导。按照这个规律要求，劳动生产率必须正确地表现出来。

真实反映社会主义企业劳动生产率的增长，也是一个经济指标本身应该满足的根本要求。所谓正确表现，就是反映真实情况，避免重复计算。而正确表现必然要求指标本身可比。以下根据这些要求来论证"劳动折合产量"指标。

1.真实性。劳动生产率指标的可靠程度，首先取决于反映劳动生产率的真实程度。就是：不夸大，不歪曲。就棉纺企业现行各种指标来说，反映的真实程度都很不够。

不变价格指标是用总产值来表示的。大家知道，在总产值中[②]，除了新创的价值以外，还包含了原来的价值（原材料等），也还包含了将来的价值（在制品），所以常常比实际创造的价值夸大了好几倍。有时还包含了别的企业委托加工暂时交来的价值（定货者原材料），甚至还包含了根本不能作为价值的"价值"（赝品），这使表现的劳动生产率更加不合理了。虽然有人提出采用净产值，但是夸大现象还是不能根除。因为积累部分是

---

① 马克思认为，"生产费用不断降低，而活劳动的生产效率日益提高"，是"劳动生产力不断提高的规律"的主要内容和要求。见《马克思、恩格斯档案》第十卷第43页。
② 关于总产值指标的讨论，见《苏联关于工业劳动生产率的研究和计算方法论问题的科学讨论会》，《中国统计》1957年第2期。

按全部生产费用计算的，其中就有转移的价值部分。同时净产值受价格的影响比总产值可能还大，也就是它被歪曲的程度可能更大[1]。而且净产值是在许多"假定条件"下而定的，所以净产值本身就是一种"没有根据"的东西[2]。

根据概略计算[3]，单件棉纱销售价格中，不属新创价值的部分，20支纱约占78%，32支纱约占66%，42支双股纱约占63%。高支纱利润率逐步提高，造成转移价值部分相对降低。用此表现的劳动生产率，可见被夸大程度的严重（约较实际夸大2~4倍）。

棉纱企业还采用标准产量和千公斤支指标。标准件数是按照机器生产率折成的。因此，也只代表机器生产率的比例关系。千公斤支表面上按产品的公斤支数折合，但由于每件棉纱重量固定，在实际品种对比中，却只代表棉纱支数的比例关系。由于这些比例与实际费工比例不符，特别是高支纱大于费工比例，结果造成了劳动生产率夸大的现象。

从理论上说，劳动生产率指标只应该反映工人的新创价值，也就是工人实际创造的价值，而这种新创造价值应该用活劳动来表示。马克思说："劳动的生产力愈大，生产一个物品必要的劳动时间愈少，……它的价值也愈小。反之，劳动的生产力愈小，生产一个物品必要的劳动时间愈多，它的价值也就愈大。"[4] 由此可知，消耗在单位产品的劳动量与劳动生产率成反比，而单位产品的劳动量与这个产品的价值成正比。因此，用活劳动来衡量新创价值是最好的标志。"劳动折合产量"是按照活劳动折成的，那么它是体现新创价值恰当的指标。而且由于"劳动折合产量"指标根据

---

[1] 上海财经学院:《关于工业总产值问题讨论的综合记录》，《财经研究》1957年第1期。
[2] 诺特金:《社会劳动生产率及其计算和计划的某些问题》，苏联《经济问题》1956年第9期。
[3] 根据纺织工业部"1956年全国纺织工业统计年报"财务成本部分与有关资料以及华东纺织管理局资料分析和概略计算而得。
[4] 马克思:《资本论》第1卷，人民出版社，1953，第13页。

实物产量计算,并不按劳动量直接计算,所以不会发生夸大劳动生产率的情况。

2. 单纯性。经济指标还必须要求避免重复计算,这就是单纯性。如果对同一对象进行了几次重复计算,结果等于把劳动生产率夸大了几倍。这种情况对于任何工业采用总产值工厂法计算时几乎无法避免。就个别企业来说是重复其他企业已经算过的产值部分。

我们知道,棉纱生产先要经过初步加工,而这个工程是在轧花厂进行的。因此,皮棉在轧花厂计算了一次产值,等到送到棉纺厂继续加工,成为棉纱又要计算一次产值。如果织染都在独立企业进行,又要经过另外两次的计算。从整个纺织工业来看,一件棉纱可能经过两次计算,一匹色布可能经过四次计算。即使按照净产值计算也难以完全避免重复,因为积累部分是按全部生产费用计算的。产值计算的重复次数主要取决于产品的生产过程及企业的联合化和专业化程度[①]。

显然这种情况是不合理的。如果采用"劳动折合产量"指标,就不会发生重复计算。因为每个企业只计算自己创造的价值,而不包括其他企业的生产成果。所以表现出来的劳动生产率就没有重复因素。目前,我国纺织工业中还存在着不少规模较小的企业。这类企业大都属于尚在改造阶段的公私合营厂。为了充分发挥老厂的技术设备力量,进行生产改组与调整是必要的。同时,就我国整个纺织工业发展的趋势来看,已显示出在力求纺织染平衡下综合发展的倾向。这些和其他因素(如发展丝、毛、合成纤维、人造纤维生产)的影响,使纺织工业部门结构发生一定程度的改变,必然会引起工业劳动生产率计算上的影响。鉴于这些情况的存在,采用"劳动折合产量"指标,对于正确表现劳动生产率是有利的。

3. 可比性。可比性就是计算结果必须完全可比,这对经济指标也是非常重要的。因为一个劳动生产率指标如果不可比,就根本显示不出它们达

---

① R. 克瓦沙:《论劳动生产率的计算》,苏联《社会主义劳动》1956年第4期。

到的水平和动态。一般说来，可比性大，指标应用的范围也大。

棉纺企业现行各种指标都有其局限性。混合件数是根本不可比的。标准件数和千公斤支指标的可比程度也不大。由机器生产率得出的同等件数，在劳动生产率计算上就未必相等。而将 10 件 6 支棉纱和 1 件 60 支棉纱，轻率地画上一个等号也是不合理的。即使应用得最广的价值指标有时也不可比。出厂价格是相对于一定的条件下定出的，条件一旦改变，它就失去了可靠的基础。甚至不变价格也只有在产品结构不变时可比，事实上产品结构由于原料、工艺等的影响常有变动。加以现行棉纱价格本身还存在着很多的问题，品种比价还缺乏合理可靠的依据，因而影响了劳动生产率指标的可比性。

必须指出，在价值规律发生作用的条件下，价值指标毕竟具有极其重大的意义[1]。因此，尽管它存在着各种各样的缺陷，取消货币表现将是不可想象的事。问题在于怎样改善和利用这种价值指标，使它接近于社会必要劳动的消耗量。不可否认，在目前经济条件下，价格和价值之间有着一定的距离，所以改善价格正可以使它更能代表价值。我们提出"劳动折合产量"指标，不是为了用来代替价值指标，恰恰相反，是为了补充和加强价值指标，以便更好地利用它来表现劳动生产率，充分地发挥价值规律对企业生产的指导作用。

从理论上说，用以折算"劳动折合产量"的费工比例，是在一定的技术水平和组织水平下，通过产品劳动量的计算获得的。既然这些劳动工时反映一定的生产条件，那么同品种的产品应该是可比的。同时，既然各种产品折成了标准产品，这些产品应该可以直接相加。因此，这种指标能够更确切地说明工作的成果，并且能够更正确地计算劳动生产率。如果指标计算的方法和条件相同，即使不同企业的同类产品也完全可比。甚至工作

---

[1] 关于价值指标的讨论见"苏联关于工业劳动生产率的研究和计算方法问题的科学讨论会"有关发言，见《统计工作》1957 年第 2 期；及"苏联关于总产值问题的讨论"，见《经济译丛》1957 年第 3 期。

条件有些不同,也只要采用适当系数就可以进行比较。

但是,"劳动折合产量"指标还不能认为完美无缺。我们知道,现阶段的社会劳动是有差异的[1]。也就是说,尽管劳动的数量相等,也还存在着质量上的差异。从事某种工作1小时的劳动,并不等于另一工作1小时的劳动。它们的劳动数量都是1小时,但不同工作的劳动质量是不同的。目前,一切按劳动折算的指标,对这事实几乎都是无能为力。即使工艺性质基本相同的棉纱产品,这种劳动质量的差异性还是不可避免的。这从单件棉纱工时结构的变动中可以看出。

根据计算结果[2],6支棉纱的基本工时占62.88%,辅助工时占37.12%;20支棉纱的基本工时占62.10%,辅助工时占37.90%;而32支棉纱的基本工时只占59.98%,辅助工时占40.02%。可见不同纱支的劳动质量是有差异的,虽然表现出来的品种影响还不大。尽管如此,现在还没有一种可靠的统计方法能够反映劳动质量而又不影响根本要求的达到,终究成为这个指标在可比性方面的障碍[3]。

由上可知,根据劳动生产率不断增长的规律的要求,这个"劳动折合产量"指标的采用,无论从反映真实情况,还要从避免重复计算来看,都应该被认为是合理的。同时从可比程度上看,也是比较合理的。这就是我们采用这种指标来表现劳动生产率的理论根据。

"劳动折合产量"指标的实践意义

"劳动折合产量"指标在实际中也有具体的意义。最大的意义就是它解决了棉纺企业在计算劳动生产率指标中发生的不合理的品种差异问题,

---

[1] A.诺特金:《社会劳动生产率及其计算和计划的某些问题》,苏联《经济问题》1956年第9期。
[2] 见本文附件"关于劳动折合产量表现劳动生产率的实例计算"。
[3] 如果改用定额工资法计算,虽在某种意义上反映劳动质量,但结果仍会引起品种差异问题。

以及消除了由品种差异问题引起的对企业生产的不良后果。大家知道，没有品种协调对于实行计划生产是不堪设想的。这个指标正是为了要求解决这个根本问题而提出的。

如前所说，在计算劳动生产率指标中发生了品种差异，就是相同劳动量投入不同纱支获得不同的工作成果，因而产生了某些"有利"产品和某种"不利"产品。那么，采用"劳动折合产量"指标，是否能够完全消除这种不合理的情况呢？能够。为什么，因为这种指标是按照费工比例折成的，而费工比例又是根据产品定额劳动量算出的。既然采用定额劳动量作为折合依据，那就不可能发生"有利"和"不利"的问题。只有在折合比例与实际费工比例不符时才会发生。但是，这种指标之所以能够做到这点，是以作为折合标准的费工比例必须准确为前提的。否则即使是劳动折合单位，也会产生另一种形式的"有利"和"不利"产品。

除此以外，"劳动折合产量"指标对于生产与经济工作还具有很大的促进作用，具体如下。

1. 节约劳动、提高工时利用程度。劳动生产率的提高，归根到底，就是劳动的节约，也就是工时利用程度的提高[1]。由于这种指标以定额劳动量为折合依据，所以通过它与实际劳动量的比重就可以直接表现劳动节约出来。就棉纺企业的情况而言，虽然近年来工时利用有了显著改善，但是目前这方面的损失还很大。工人病假、产假等引起的缺勤率，根据统计，平均高达 8.04%[2]。如果把组织与技术原因造成的净工损失以及学习时间计算在内，还要大些。

因此，只有采用"劳动折合产量"指标，才能发现和正确计算工时损失，从而制定措施来克服缺点和挖掘潜力。同时，把劳动生产率的计划统计与工时利用的计划统计相结合，还可以减少企业工作的负担和提高计划统计的质量。

---

[1] C.T·斯特鲁米林：《论劳动生产率的计算》，苏联《社会主义劳动》1956 年第 4 期。
[2] 纺织工业部：《1956 年全国纺织工业统计年报》，劳动工资、文教福利及安全卫生部分。

2. 作为产品品种比价依据。正确规定产品价格是件繁复而重要的经济工作。因为它包含消费、积累、分配等和劳动生产率的比例关系。采用"劳动折合产量"指标，不仅可以正确表现劳动生产率，还可以根据劳动生产率的增长趋势，来适当规定它和消费、积累、分配等的比例。显然，目前棉纱价格还不能做到这一点。例如，价格应该以什么为基础，积累与消费根据什么比例确定，税与利润应该怎样分配。这一切的确定都必须以劳动生产率的正确计算为前提。

在产品价格问题中，品种比价是比较突出的一个。品种比例是否合理，不仅是产生"有利"与"不利"产品的直接原因，同时又是构成复制品成本的主要因素之一。因此，它常常造成生产上、经济上很大的影响。而现行棉纱的比价还缺乏合理可靠的基础[1]。我们知道，活劳动代表着产品的质量因素，又是产品价格的主要构成部分。既然品种之所以不同是在于质量上的不同，那么，劳动应该是反映这种不同最好的标志。而"劳动折合产量"的费工比例，恰恰表现品种劳动消耗的对比关系。

我们认为，在目前经济条件下，价值指标不是一个存废问题，而是怎样利用和更好发挥的问题，也就是怎样改善价格特别是品种比价。考虑到各种纱支的原棉用量大致相同，虽然用电量、折旧等还有差别，劳动消耗终究不失为一个主要因素，那么采用"劳动折合产量"的费工比例，作为棉纱比价主要依据之一是完全恰当的。但是，这样不是造成劳动生产率在表现上的分歧了吗？必须指出，价值表现劳动生产率和"劳动折合产量"表现劳动生产率是可以并存不悖的。因为前者表示一个工人生产的"最终成果"，而后者表现这个工人实际的"工作成果"。用"劳动折合产量"指标来代替现行产量指标，和价值指标正好互相补充而不相排斥。这对正确表现劳动生产率来说是只有利而无害的。

3. 反映企业生产管理水平。劳动生产率是企业工作的综合指标。因为

---

[1] 我国现行棉纱比价系从"同值比例"原则得出。这种所谓"同值比例"是多年前根据相似成本算出的，不仅根据不足，而且早已失实。

任何影响管理的因素，都会从这个指标上面反映出来。它表现生产组织与劳动组织水平。例如，一个由 8 人组成的细纱落纱组落纱一次消耗 0.440 工时，而另一个由 6 人组成的落纱组落纱一次只消耗 0.385 工时[①]。可见劳动生产率可以直接反映劳动分工和协作的效果。它又表现劳动者的文化技术水平。但如不用劳动折合指标就没有意义。例如，一个纺纱工在一年内生产 20 支纱 19 000 元，另一个纺纱工同时期内生产 60 支纱 16 000 元。究竟哪一个工人的熟练程度比较高，在这种指标表现下就无法判断。只有采用劳动折合单位，才可以清楚地比较熟练程度。

所以采用什么指标与它所表现的内容是有密切关系的。"劳动折合产量"指标对于技术和组织因素都非常适用。通过它来反映企业生产管理水平有良好的结果，并且可以利用它来改进生产技术和组织工作。

综上所述，"劳动折合产量"这种指标，是和一定的经济规律相结合的，是为当前提出的经济任务服务的。这个指标在经济理论上有一定的根据，对实际工作也有很大的意义。在棉纺企业计算劳动生产率的实践中，用来代替现行产量指标是完全恰当的。同时，还可以根据已提示的费工比例来改进价值指标，以便相辅地、准确地表现棉纺企业的劳动生产率，为进一步提高棉纺生产中的劳动生产效果而奋斗。

本文结论

1. 鉴于棉纺企业现行各种劳动生产率指标都产生不合理的品种差异，建议采用"劳动折合产量"指标来代替现行产量指标并用来改进价值指标。

2. "劳动折合产量"指标的主要关键在于作为折合标准的费工比例。"分析设计法"可以解决计算技术上的困难和获得比较准确的计算结果。

---

① 高章博等：《关于细纱落纱工劳动组织的研究》（未发表）。

3. 从理论上论证"劳动折合产量"指标：反映真实情况，避免重复计算，和在劳动数量上可比，对于实际生产和经济工作也有推进作用。但缺点在于不能反映劳动的差异性，根据实际计算对棉纺产品的影响不大。

上面是本文研究所得的初步结果。我们的意见很不成熟，愿以所见就教于高明，并在这基础上继续研究。

附件　关于劳动折合产量指标表现劳动生产率的实例计算

项目			单位	6 支	%	10 支	%	20 支	%	32 支	%	40 支	%	60 支	%
细纱间设备			1 千锭	50		50		50		50		50		50	
细纱间产量			千件/年	177.57		106.36		56.34		30.31		22.31		14.13	
基本车间	基本工人		人	2 301	63.52	1 446	61.58	1 020	62.88	733	60.82	645	61.18	583	61.24
	辅助工人	按设备计	人	317	8.75	233	9.93	159	9.80	134	11.13	118	11.31	112	11.76
		按产量计	人	576	15.91	351	14.94	203	12.53	127	10.53	93	8.90	80	8.40
	合计		人	3194	88.18	2 030	86.45	1 382	85.21	994	82.48	856	81.99	775	81.40
辅助车间	辅助工人	按设备计	人	301	8.31	238	10.13	196	12.08	176	14.62	169	16.18	164	17.23
		按产量计	人	127	3.51	80	3.42	44	2.71	35	2.90	19	1.83	13	1.36
	合计		人	428	11.82	318	13.55	240	14.79	211	17.52	188	18.01	177	18.59
在册工人数	基本工人		人	2 301	63.52	1 446	61.58	1 020	62.88	733	60.82	645	61.18	583	61.24
	辅助工人	按设备计	人	618	17.06	471	20.08	355	21.88	310	25.75	287	27.49	276	28.98
		按产量计	人	703	19.42	431	18.34	247	15.24	162	13.43	112	10.73	93	9.78
	共计		人	3 622	100.00	2 348	100.00	1 622	100.00	1 205	100.00	1 044	100.00	952	100.00
	千锭配备数		人	72.44		46.96		32.44		24.10		20.88		19.04	

(续表)

项目		单位	6支	%	10支	%	20支	%	32支	%	40支	%	60支	%
基本车间	基本工时	千工时	5 281		3 319		2 341		1 682		1 480		1 338	
	辅助工时 按设备计	千工时	747		549		375		314		279		262	
	辅助工时 按产量计	千工时	1 322		805		465		294		212		184	
	合计	千工时	7350		4 673		3 181		2 290		1 971		1 784	
辅助车间	辅助工时 按设备计	千工时	737		583		480		431		414		401	
	辅助工时 按产量计	千工时	311		196		108		86		47		32	
	合计	千工时	1 048		779		588		517		461		433	
单件劳动量	基本工时	工时	29.74	62.88	31.20	60.87	41.54	62.10	55.52	59.98	66.34	60.89	94.63	60.34
	辅助工时 按设备计	工时	8.35	17.67	10.63	20.74	15.16	22.67	24.58	26.58	30.95	28.42	46.98	29.94
	辅助工时 按产量计	工时	9.19	19.45	9.42	18.39	10.18	15.23	12.44	13.44	11.45	10.69	14.53	9.32
	共计	工时	47.28	100.00	51.25	100.00	66.88	100.00	92.54	100.00	108.94	100.00	156.94	100.00
品种费工比例		%	0.706		0.766		1.000		1.383		1.628		2.345	
实物计算劳动生产率		件/(人年)	49.03		45.30		34.73		25.15		21.37		14.84	
劳动折合产量计算劳动生产率		件/(人年)	34.73		34.73		34.73		34.73		34.73		34.73	

注：本表系实例计算的第三部分，根据第一部分"产品数量计算"及第二部分"定员人数计算"而得。现因篇幅关系仅截本表。

最近国外棉纺样板厂发展动向[*]

主要发展趋势

"样板厂"这个名称起源于日本,常指规模较小而起示范作用的工厂。在美国虽也有所谓"Model Mill",但泛指经营管理有名并不限于某种规范的工厂。故两者用词相似而含义实不相同。

国外样板厂是在生产专业化和连续化的基础上发展起来的,它从开始兴办以来已有二十多年的历史,但作为纺织工业发展的动向还只是近十年来的事。目前已遍及美、日、意、瑞等国,最近在巴西也有此类工厂。它为纺织工业实现全自动化和现代化开辟了道路。

过去,国外棉纺厂的生产规模一般都比较大,同时可纺各种不同的纱支,包括棉和化纤的纯纺和混纺,故在生产技术管理上趋于复杂。近二十多年,特别是从20世纪70年代以来,国外一些经验认为,一个小厂纺单一品种,能做到高产量、高效能,不断改善生产技术管理,有利于提高产品质量,而在提高劳动生产率方面效果更为明显。

美国早有这种趋势,且发展也比较迅速。据统计,目前3500多个纺织厂,大部分都属于小型工厂。主要原因是小型厂投资少,回收快,有利于安装自动化的新机,容易实现生产连续线,这类小型厂如邓利夫、切斯尼、哈雷等,大都只有1.5万~2.0万纱锭,专纺一个品种的纱线,用人少,效率高,有利于提高技术熟练程度。同时,一些原来规模较大的老

---

* 周世述:《最近国外棉纺样板厂发展动向》,《棉纺织技术》1979年第1期,第41–48页。

厂，在设备更新时也分为若干小厂，各纺一两种纱支的产品，总部设有中心管理机构，下设总实验室、总仓库，以减少经营管理上的重叠。例如，美国阿凤代尔纺织厂，原是一个100多年的老厂，共拥有27万多个纱锭，下面分为16个小型工厂，大都只有0.9万～1.5万锭，小部分有2.5万～3.8万锭，规模最小的只有5千锭。公司上层设有总部，负责经营管理决策，具体生产各厂自理，可以减少管理人员，便于提高工作效率。

日本和西欧各国从第二次世界大战以来，从事于纺织设备的更新工作。首先，日本三本松样板厂，第一车间设立自动生产线，最近又有全新的第二车间。此后，又有和兴纺、设计方案厂，生产规模只有2万～3万锭，运输自动化程度较高。产品品种单纯，用人数减少，劳动生产率有显著提高。西欧各国群相效法，蔚然成为一种风气。意大利C.R.F棉纺厂，是一个1.6万余锭的小厂，专纺一种纱支的精梳纱；另一麦查利综合纺厂，则是一个1万多锭的小厂，纺多品种粗、精梳纱，并有部分的气流纺。都采用麦查利全套设备，生产效率迅速提高。瑞士苏尔查联合厂，有纺锭2.5万纱锭；最近又有勃隆麦特厂，是一个4万锭的中型厂，该厂还有一部分气流纺。都采用立达整套设备，配有罗伐空调设备，主机自动化程度较高，空调方面也比较完善。此外，巴西圣梯斯泰联合厂，有纺锭1.5万余锭，采用立达全套装备，为拉丁美洲新设纺织厂之一。

从目前国外各样板厂看，主要特点是小、高、新、专。各厂的共同发展趋势有：

1. 生产规模一般是1.5万～2.0万锭，4万锭以上的中大型厂，趋向于分成若干独立小厂，便于生产单纯化和专业化。

2. 设备自动化程度较高、车速快、产量高，工序间运输有不同程度的自动化，整个纺纱流程向全自动化发展。

3. 运转稳定，效率提高，生产产品专业化后，容易提高技术熟练程度，对技术和管理人员培养有利。

4. 由于生产规模小，自动化程度高，使用人数大为减少，为夜班少人和无人创造条件，劳动生产率很快提高。

5. 通过提高机器加工质量，采用自动加油、清洁等装置，尽量减少机器保养维护，逐步向"无保养工作化"发展。

6. 空调设备比较完善，采用新颖光带采光，空气含尘量逐步减少，车间噪声也有所降低，为生产运转创造有利条件。

7. 有些样板厂已采用电子计算机，设有数据处理专门系统，根据输出数据进行核算管理，使管理工作逐步实现自动化。

几个样板厂现状

1. 美国切斯尼厂。

该厂是一纺织老厂。纺厂有纱锭 31 500 锭，锭速开 10 000 转/分，纺 12~48 英支涤/粘混纺纱。纺厂有运转、保养工 116 人。

工艺流程：开清 3 套→梳棉 121 台→精梳 8 台→并条 38 眼→粗纱 11 台→细纱 31 500 锭→络筒 5 台。

平均纱支为 32 支，千锭时产量 27 磅，三班总产量合 51.25 件，折合 20 支劳动生产率，直接工人劳动生产率 1.42 工/件，考虑生产效率 97%，直接工人劳动生产率应为 1.47 工/件。

2. 美国伍德赛特厂。

该厂是建于十年前的老厂，有纺部和织部。纺部共有 64 000 锭，纺涤/粘混纺纱。细纱锭速开 11 000 转/分，钢领 2 英寸，动程 10 英寸，千锭时断头率 35 根。

每班挡车工：前纺 30 人，细纱 40 人。保养工：前纺 14 人，细纱 10 人。空调及其他共 17 人，其中纺部占 9 人。现纺 40 支混纺纱。

三班产量为 35 635 磅，合 89.088 件。纺部三班用人共 309 人，按实际支数计，劳动生产率为 3.47 工/件。

挡车工按三班计算，其他按常日班计算，用人共 243 人，按实际支数计劳动生产率为 2.73 工/件。

折合 20 支，劳动生产率为 1.75 工/件，考虑效率为 97％，劳动生产率应为 1.81 工/件。

3. 日本三本松二车间。

该车间于 1970 年投产，有纱锭 19 008 锭，锭速开 13 500 转/分，纺 30~50 英支棉纱，每班产纱 5 128 磅，合月产纱 1 000 件。直接工人三班 60 人，夜班仅男工 15 人。折合 20 支劳动生产率，直接间接工人 0.97 工/件。

工艺流程：开清一套→梳棉 20 台→条卷 2 套→精梳 12 台→并条 4 套→粗纱 6 台→细纱 44 台→络筒 7 台。

自动化情况：清钢联；自动换条筒，自动运条筒；自动落条卷，自动运条卷，粗纱断头自停，自动运粗纱；细纱集体落纱，自动运管纱。

4. 日本和兴纺厂。

该厂于 1972 年建成，占地面积 14 000 平方米，安装锭数 20 400 锭，专纺涤/棉混纺纱，锭速开 16 000 转/分，断头率千锭时 5 根以下，不匀率 10％（20 支）~12％（30 支），使用人数三班 90 人，直接工人劳动生产率 0.841/件。

工艺流程：开清（仿西德屈罗茨朽尔）2 套→梳棉（丰和 CM—S 型）56 台→并条（丰和 DF—800 型）7 套→单程粗纱（丰田 FL6 型）7 台→细纱（仿西德青泽）51 台。

自动化情况：清钢联；梳棉自动清洁，集体吸棉，气流输送；并条自动换筒，辊式输送装置，直到粗纱机上；粗纱半自动落纱，人工插管，机械运送粗纱；细纱集体落纱，管纱自动喂给，空管运送，由盘式和带式输送装置，运输到络筒机。

F1 式连续自动线上，装有集中管理的计算机，包括机械运转率，生产效率，生产参数等数据处理系统。

5. 日本设计方案厂。

该厂系日本纺绩协会所办，1974 年开始投资，共有 30240 锭，纺单一品种 40 支棉纱，锭速开 14 000 转 / 分，折合 20 支劳动生产率，直接间接工人劳动生产率为 0.84 工 / 件，仅计直接工人劳动生产率为 0.68 工 / 件。

工艺流程：清花（SBO）1 套→梳棉 24 台→头并（2 眼）6 台→二并（2 眼）6 台→粗纱（每台 96 锭）7 台细纱（每台 432 锭）70 台→络筒 37 台→成包。

自动化程度：清钢联；梳棉自调匀整，吸棉集尘，自动运筒；并条自动换筒，自动运筒，粗纱自动运纱；细纱集体落纱，自动运管纱；络纱自动喂管纱。

6. 意大利 C.R.F 棉纺厂。

由麦查利厂设计和装备，共安装 16 410 纱锭，纺 56 支精梳棉纱，直接工人 12 人，人时产量 11.13 公斤，三班 3 206 公斤，断头数 10 根以下，变异系数 1.9％～2.0％，乌氏不匀率 11.5％～12.0％。折合 20 支劳动生产率，直接工人为 0.78 工 / 件。

工艺流程：清花 1 套→梳棉（C40 型）12 台→予并 2 台→条卷（5R2 型）1 台→精梳（PI 型）12 台→头并（S20 型）3 台→二并（S20 型）3 台→粗纱（NC4 型）4 台→细纱（RC 型）38 台→络筒 4 台。

自动化程度：清钢联（不用抓包机），梳棉自动换筒，条卷自动落卷，粗纱前后断头自停，工序间半制品人工运送。

7. 意大利麦查利综合纺厂。

该厂亦由麦查利厂装备，棉纺厂共有 17 400 锭，纺四种不同纱线：富纤和精梳棉混纺纱、纯棉精梳纱、粗梳棉纱及气流纺纱。

工艺流程：

精梳棉纺：清钢联→予并→条卷→精梳→头并→二并→粗纱→细纱络筒。

棉、富纤混纺：棉用精梳条同上，富纤：清钢联→头并→二并→粗纱→细纱→络筒。

粗梳棉纺：清钢联→头并→二并→粗纱→细纱→络筒。

该厂每班用人 28 人，其中 8 台气流纺纱机，7 支纱，每人挡 2 台。

该厂专纺 56 支精梳纱，产量低，品种单一，混棉次数少，每班只混 2 次，故用人工混棉。清花设备未用专门均匀定量给棉机构，梳棉机也未采用自调匀整，采用行星式圈条装置，有直线式换筒装置。

8. 瑞士勃隆麦特厂。

瑞士哥尔门公司所办，1970 年开始筹建，1975 年建成投产，共安装 40 000 锭，纺粗纱和精梳纱，月产纱 355 吨，有染色、捻线、络筒部分，纱线染色月产 210 吨，络筒月产 360 吨，捻线月产 80 吨。全厂占地面积 24 950 平方米。全部工作人员 400 人。

工艺流程：清花 2 套→梳棉（C1/2 型）36 台→条卷 3 台→精梳（E7/2 型）24 台→并条（DO/2 型）10 台→粗纱（F1/1 型）10 台→细纱（GO/2D 型）112 台→络筒→捻线。

自动化情况：清钢联；梳棉自动换筒，自调匀整，吸棉集尘；条卷自调落卷；粗纱断头自停；细纱集体落纱；两工序间半制品人工搬运。

9. 瑞士苏尔查联合厂。

该厂有纺、织、染及成衣部分，生产面积共 16 200 平方米，纺部有 25 950 纱锭，小时产量：粗梳纱 16~40 支 340 公斤，精梳纱 40~80 支 80 公斤。

工艺流程：

粗梳纱：开清→高速梳棉机 20 台→自调匀整并条机 4 台→粗纱机 4 台→细纱机 30 台。

精梳纱：开清→高速梳棉机 10 台→条卷机 1 台→并卷机 1 台→精梳机 4 台→高效并条机 1 台→粗纱机 2 台→细纱机 22 台。

10. 巴西圣梯斯泰联合厂。

该厂经过重建，于 1970 年建成，有纺、织、印染部分，占地面积 25 500 平方米，纺部安装 11 520 锭，纺纱品种：粗梳、精梳棉纱，小时产量共为 123 公斤；涤/精梳棉混纺纱，小时产量共 110 公斤。用瑞士立达全套设备装备。

工艺流程：开清 2 套→梳棉 24 台→条卷 3 台→精梳（E7/4 型）8 台→并条（DO/2 型）4 套→粗纱（F1/1 型）4 台→细纱（GO/1 型）32 台。

该厂纺部三班用人 44 人，合每 1 000 锭用人 1.28 工。按实际支数劳动生产率为 1.06 工/件。

样板厂若干问题

1.厂房结构。

国外开始时所设的样板厂，大都由老厂改造（如日本、巴西），厂房结构上改变不大。最近，样板厂都是新建厂房，结构新颖，布局合理，具有许多特点，为老厂所不及。

厂房结构上的主要特点是采用封闭式、大跨度厂房，不受外界自然条件影响。厂房设计的跨度较大，有的大至留 18 米×30.75 米，每层生产面积 12 000 平方米，仅有柱子 14 根，造价虽比一般厂房贵，据说由于用平梁夹层代替金属板作空调用，故仍能在造价上取得补偿。

厂房布局上也较合理，生产车间放置于厂房中央，两侧则为辅助和服务部分，包括修理间、实验室等。许多现代化新工厂中，还设有休息室、救护室、商店等。1.5 万~2.0 万锭的小型厂，大都为单层建筑；有宽敞的地下室，主要是储藏室、空调部分等。底层主厂房为生产车间，有宽敞的运输通道，装有输风管、排风管、输棉管、水管、蒸汽管，以及控制、信号系统和蒸汽分布、交替系统。4.0 万锭的中型厂，可以是一层或二层建筑。

地下室与底层厂房之间，设有加固混凝土地柜夹层，屋顶采用预构件的肘状平板，并用高级绝热材料覆盖。主梁和壁板都经预应力试验，外层用硬质水泥制的通风墙，天花板和内部都有隔音层。

2.辅助装置。

自动化是现代化工厂标志之一。除要求主机自动化高以外，还要辅机尽高的自动化,包括自调匀整、自动清洁、换筒、落纱、接头等。此外,还要有断头计数与警报装置、粗纱切断装置、锭速测量、产量计数等装置。

清洁装置在各道机器上都有。开清部分:新鲜空气由平顶风口引入,清花机打手与地下漏斗相通,机底与地面留有补风隙。梳棉部分:上部五吸(各处飞花、盖板花),下部一吸(后车肚落棉),地面吸尘,废棉由地下管道通入滤尘室。精梳部分:落棉也由地下管道集中收集。粗纱部分:上吸(牵伸机构)下吹(卷绕部分),地面吸尘。细纱部分:环形清洁器,吹吸并用,地面吸尘。

自动换筒用于梳棉、并条,满筒自动推出,空筒自动换上,并有自动切断条子器。

自动落纱在细纱机上已成熟,粗、中支纱大都采用集体落纱,细高支纱采用小机落纱较经济。粗纱机锭翼改为吊锭后,已有半自动落纱装置,但插管仍用人工操作。

自动接头在技术上尚未过关,国外装置形式有多种,但因模拟人工操作,机构复杂,成接率低,效果不太好。目前都采用断头后粗纱停喂或切断装置,使挡车工保持其大看台面,对夜班少用人特别有利。

此外,美国、日本一些先进厂采用小型电子计算机进行生产监控,装有数据处理系统,将生产参数、运转效率、停台断头等以在线方式通过接口编入计算机,实现生产管理自动监控,并将间接人工、用气用电采用离线方式存用,使经营管理全部实现自动化。

3.噪声问题。

近年来,噪声问题逐渐受人关注,把工厂噪声列为公害之一。有些国家对噪声已有规定。美国规定的工作地噪声标准为90分贝(A)8小时,95分贝(A)4小时,97分贝(A)3小时,100分贝(A)2小时,102分贝(A)1.5小时,105分贝(A)1小时,110分贝(A)0.5小时。纺纱机器噪声要求在90分贝(A)以下,实际上达到这一要求尚有不少困难，意大利规定的标准为 95 分贝（A）。

纺纱机器噪声按来源分，主要有：空气性噪声、机械性噪声、电磁性噪声。气体中有涡流，或发生压力突变，会引起空气性噪声。机械性噪声则因机件振动而产生。至于电磁性噪声，主要由电动机气隙中交变力相应作用而产生。

降低噪声的具体措施，主要是降低声源噪声和传递噪声。降低声源噪声方面：对专用轴承、齿轮要求制造精度高，动平衡良好，采用无声材料与金属材料相间套用等方法。降低传递噪声方面：用封闭罩板密封，罩板上再覆以吸音材料，如泡沫塑料、玻璃纤维，加减震材料如加垫橡皮垫圈等，起振地方用阻尼材料吸振。细纱机上龙带、锭带用尼龙涂合成橡胶，锭盘内加粘弹性聚酯胺层。同时，对专用轴承、齿轮改进润滑方式。一荷兰作者认为，仅用消极方式消除噪声，效果不大，主要应减少锭子止推轴承的摆动，以及缩小锭杆的制造公差等，经试验可降低噪声 5 分贝。此外，也注意厂房结构，屋顶及四周墙壁用吸音隔板，新式厂房设计中大都采用隔音层。

4. 含尘问题。

空气中含尘量也是一个重要方面。许多国家对含尘都有规定，苏联每立方米 4 毫克，意大利每立方米 3 毫克，德国每立方米 1.5 毫克，英国、瑞士每立方米 1 毫克，美国原为每立方米 0.5 毫米，但大多数纺纱厂实际未做到，最近美国 OSHA 提出逐步减至每立方米 0.2 毫米。

据美国报道，近 20 年来，他们一直在研究含尘问题，主要归结于三个原因：一是梳棉机及其加速，二是轧棉机未将尘杂清除，三是机摘棉带来的多尘杂。研究结果认为，机摘棉从 20 世纪 50 年代开始，20 年中未发现尘屑增加；轧棉厂采用锯齿轧棉后，清除籽棉中尘杂有效果，但对纤维损伤大，棉结增加；梳棉机在 20 年中有不少变动，可能对含尘量有影响。纺纱厂空气含尘较高，尤其是梳棉机含尘。美国杂志发表，中型厂产量 500~1 000 公斤/时，散布空气中尘屑达 1.16%。有人作了含杂分析，结果是粒径 15μ 以下的有害杂质，占全部含尘量的 97%。清除含杂的方法，过去采用机械法，即用一 V 形隔层的滤尘箱，后来采用静电法，在墙壁、天花板上涂静电剂，使空气中含尘粘附壁上，但这些方法实效都不大。最近有文章提出一种化学法，用氢混合油加非饱和性雾脂，通过四个喷咀喷洒在棉箱给棉机内，据说可使含尘量从 3.29 毫克/立方米降至 0.2 毫克/立方米，减少了约 94%。

5. 空气调节。

空调在纺厂设计中的地位日益重要，不仅是为了良好的工作环境，且对稳定生产运转也有利，如对控制断头、保证纺纱质量，故空调设备在新厂投资费用中，占有愈来愈大的比重。

规模较小的新厂，一般有 4 个空调室，前纺、后纺各有两个，总风量每小时达 800 000 立方米，规模较大的新厂一般有 7 个空调室，每个空调室有 2 套设备，总风量每小时达 1.9 百万立方米，常一般采用两级过滤装置，先经回转过滤器，再经圆网式过滤器。回转过滤器是一种预分离器，使过滤空气与纤维杂质分离，空气中含杂再到分离器分离，车间顶部风口将风送入车间，循环气流排出一部分混浊空气，补充一部分新鲜空气，由自动开启的百页窗调节，经过两次过滤、冷冻、洗涤，降温后新鲜空气再进入车间。空调进风、排风路线，都由地下排风管进入空调室。废棉由地下管道送入废料袋，自动打包输送储藏室。换气次数：前纺每小时 20~25 次，后纺每小时 40~45 次。

车间保持一定的温湿度。温度 25~28 摄氏度，湿度根据工艺要求，细纱 47%～55%，粗纱 40%～50%，主要符合原料性状及原棉含水情况规定。休假日空调设备不停，以免车间温湿度发生变化，致使纺纱条件受到影响。

6. 自动运输。

纺纱全自动化必须包括运输自动化，使各工序间半制品能自动运输。目前纺厂间接工人特别是运输工，在总用人数中占的比重还很大，故运输自动化不仅可减少繁重劳动，而且对提高劳动生产率有重要意义。

清花与梳棉之间大都采用清钢联，利用输棉管连接，用气梳输送原料，通过分配器调节，输入各台梳机棉箱，如在清花机上做成棉卷，则大都采用吊轨或吊车运送。

梳棉与并条之间的条筒运输，则有两种不同的形式。一是距离较近的采用滑板，条筒由滑板利用自重滑移；二是距离较远的采用链条式，有带钩和不带钩两种形式，条筒沿地轨由链条拉走，头并与二并之间的运输采用滑板式较多。

并条与粗纱之间的条筒运输，大都采用链条式装置，条筒沿地轨上拉走。过去采用过的空吊式，现在已看不到了。

粗纱与细纱之间的粗纱运输，采用地轨电瓶车较多，也有采用无人运输车的，整箱吊装现已不用。日本最近用集装座车，送至细纱机旁粗纱站上，或直接由上架机送上细纱机。

细纱与络筒之间的管纱运输，形式较多，有用管纱箱整箱运输的二人；有用辊道—升降—反转装置的；有用气流管道运送管纱的，有用无人运输车（地下埋线）运输的，有用集体落纱与运输带连接的，管纱逐只变换方向输入络筒机，此种装置最近已在日本采用。

此外，还有采光、照明问题，在新厂设计中渐被重视，特别是在封闭式厂房，其意义就更为重要。封闭式的无窗厂房，要先经过一通道，然后进入生产车间。在走廊通道中，用光带控制照度由强到弱逐步接近主车间。主车间采光大都用光带，也有用反照的间接光。出主车间也经过一通道，避免一下子接触自然光。

综上所述，国外为了实现棉纺厂的现代化，必须从各个方面配合进行，要求实现包括主机、辅机、运输在内的全自动化，以及控制车间噪声、空调、含尘、照明在内的环境因素，才能达到增加生产、减少用人、提高劳动生产率的目的。

结语

为了实现我国纺织工业现代化，赶超国际纺织科学技术先进水平，建造一批纺织样板厂具有重大的意义。首先，样板厂是现代化纺织工业的具体标志之一。现代化纺织工厂要实现全自动化，使纺织生产、技术、管理各方面都带上去。其次，样板厂是推动纺织工业全面发展的综合措施。纺织工业不仅要发展纺织本身的工艺、技术，也要发展机械、电气、电子、化工等有关方面，特别要注意各项新技术在纺织上的应用。再次，样板厂具有以点带面的深远意义，有了一个个样板厂，就有了一批样板厂，各地都办样板厂，全国纺织大发展。

必须指出，实现现代化有各种道路，"我们要实现的现代化，是社会主义的现代化，是坚持无产阶级专政下继续革命的现代化"。因此，我国的纺织样板厂是社会主义现代化的样板厂。我们必须走我国发展自己纺织工业的道路，必须有批判地吸收国外对我国的有益经验，才符合我国人民的共同愿望，才能真正造福广大劳动人民，才能"多快好省"地实现社会主义现代化，使我国纺织工业走在世界的前列。

纺织生产管理中的决策问题[*]

决策是现代化管理的重要组成部分。纺织生产管理如同其他管理一样，有着愈来愈多的问题要求作出决策。决策制订得是否正确合理，不仅影响到生产发展和技术推进，也是体现管理水平的重要方面。目前，有关决策方法已有不少的论述，这是十分可喜而又必要的。但决策问题还有许多理论方面。比如，到底什么是决策的属性，怎样才算理性的决策，什么是正确决策的原则，弄清这些问题对具体应用是有益的。本文拟从纺织生产的实际出发，对决策问题作出初步的探讨。

为什么要研究决策问题

决策在生产管理中的必要性是人所共知的。当纺织生产处于个体劳动阶段时，每个个体劳动者自己就是决策者，从分析、计算、判断到最后决定，都是他一个人在考虑和实施的。但纺织生产进入集体劳动阶段，谁都知道不能再各行其是了，而要有人"抓总"，来个总体设计。随之，决策的形式也必然复杂起来了。马克思的一段话是大家所熟悉的："一切规模较大的直接社会劳动或共同劳动，都或多或少地需要指挥，以协调个人的活动，并执行生产总体的运动——不同于这一总体的独立器官的运动——所产生的各种一般职能。一个单独的提琴手是自己指挥，一个乐队就需要一个乐队的指挥。"（《马克思恩格斯全集》第23卷第367页）。这里的"指

---

[*] 周世述：《纺织生产管理中的决策问题》，载中国纺织工业技术经济和管理现代化研究会《纺织工业技术经济和管理现代化论文选辑》，中国纺织出版社，1982，第49-63页。

挥"就是总体的决策者,"职能"就是为总体作出决策。在现代纺织生产过程中,有着数以千计的劳动者在一起劳动,这个总体的决策自然更为复杂而重要了。

为什么决策在生产管理中愈来愈重要呢?这和现代化大生产的发展是分不开的。随着生产的社会化程度日益扩大,生产内部的复杂化程度也在加深。现代化纺织生产过程常常包含许多错综复杂的因素,而这些因素又是相互制约、相互作用的。

比如,纺纱断头有多种多样的因素,包括原料、机械、工艺、操作、空调等,因此必须先找出真正的原因,经过调查、研究、分析、计算,才能制订出相应的正确的对策,所以生产管理的决策十分重要。如果从静态看问题毕竟比较单纯,不幸的是,情况是在不断变化的。比如,同样是成纱质量的问题,一个时期有一个时期的原因,一个情况可能转化为另一种情况。这样从动态看问题要复杂得多。加上许多变化是预料不到的,因而正确的决策就更为必要了。如图 1 所示。

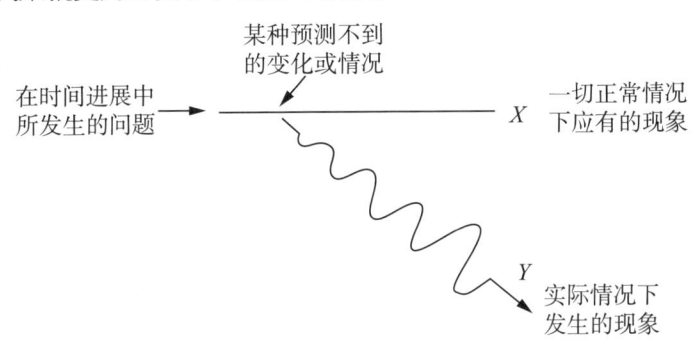

图 1 动态复杂的决策变化

在生产管理中所作的决策,多半是针对未来的情况,而有些带有不确定性,亦即要承担某些风险。决策制订的目的之一,就是要在不确定性中找出规律,使原来不能控制的因素得到控制,从而把风险减小到最低限度。比如,某种纺织新产品上市,有两种情况可能出现,一种是销路好、盈利;一种是销路差、亏本。决策者要精确计算一下,然后决定生产还是不生产。这时,正确的决策就必不可少了。假设有一种新产品上市后,有

20%的可能性盈利500元,有80%的可能性亏本100元,我们要不要投产这种产品?首先要计算一下,然后再作出决策。见图2。

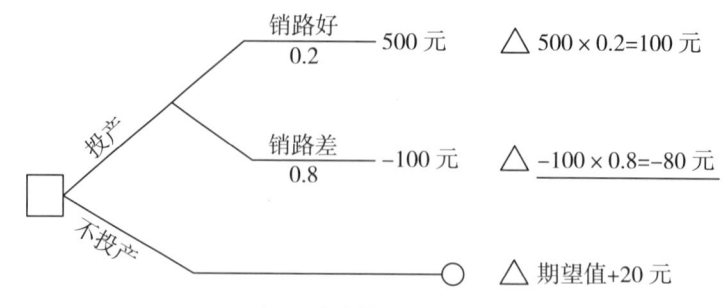

```
            销路好
            ─── 500元      △ 500×0.2=100元
      投产   0.2
    ┌──────
    │       销路差
    □       ─── -100元     △ -100×0.8=-80元
    │       0.8
    │
     不投产
    └────────────────○     △ 期望值+20元
```

图2　生产管理中的决策

非理性决策不投产,因为八成要亏本。理性决策要投产,综合各种因素起来仍可获利。

决策,不只是重大问题要做,而且日常生产中也要做;不只是领导者要做,而且每个人都要做。只要有管理,就必有决策。在这个意义上讲,"管理就是决策"。在严格意义上,决策应该理解为决策者在发现和处理问题中,根据一定的情况或条件,从可供选择的若干方案中,选出一种最佳的或满意的对策。因此,任何决策都具有一定的属性。我们要研究为什么决策是必要的,还必须从决策的三个属性去理解:

1. 针对性。任何决策都有其针对性,不能把决策理解成无条件的。所谓决策的针对性指的是,决策是针对某种特定情况制订的,而且只能在某种特定时间内才有效。当然,随着情况与时间的转移,原来认为正确的决策,可能变为不正确的东西,因为决策已经失去了针对性,于是要求根据新的时间和条件,制订出新的相适应的决策。在现代化纺织生产管理中,选择工艺参数是重要的决策问题,因为它是制订先进工艺设计的前提。这些工艺参数的选择和决定,都是从一定的生产技术条件出发的。当生产技术条件发生了变化,必然带来有关工艺参数的改变。

2. 选择性。决策具有不可缺少的前提,就是须有两种以上的方案可供选择。一般地讲,可供选择的方案愈多,即决策的选择性愈大,则决策的结果愈能接近最佳化。这当然还要由提出的方案而定。如果只有一种方案可采用，那就没有对比和选择的余地，也就是不存在决策的问题。生产管理常常碰到这样的情况，有些问题看起来有很大的选择性，但分析后这种选择性并不很大。比如，纺织生产管理中的车速问题，由于受着各种因素的实际限制，包括机器设计、工艺要求、使用情况等，往往不像原定那样可以任意选择。

3. 现实性。决策的基点在于这样一个事实：人类动机要满足需要，而可利用的资源是有限的，所以，决策应该从根本上着眼，要求在有限资源的消耗中，取得最好效果来满足需要。但这个要求能否圆满地实现呢？没有现实性就谈不上什么决策。事实上，决策的结果常用期望值表示，这毕竟是一种期望而不是现实。同时，决策还要考虑可能的风险，就是不仅没有收益，反而有损失。决策必须有科学的依据，还要求采用定量的方法。有了科学的依据，才有决策的可靠性；有了定量的方法，才有结果的可测性。这两者都是实现决策所必要的。

怎样才能合理制订决策

正确的决策要有合理的程序。不同的决策者对于同一问题，由于程序不同，可以得出不同的结果。在生产管理中常常碰到如下的情况（见图3所示）：

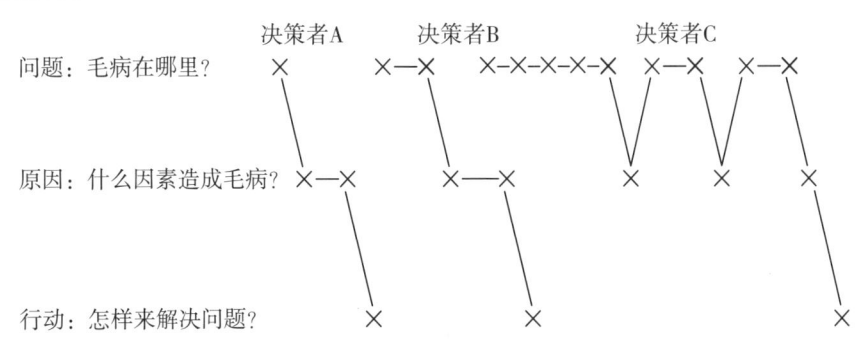

图3 三个决策者的不同决策程序

显然，图中三个决策者的程序不同，C 对问题本身提出一系列的发问，在查问原因中两次回到问题上来，最后一次把原因与问题核对后，保证自己提出的行动具有充分根据。制订理性决策的程序，是一套科学的逻辑推理程序。由概念形成问题，从问题产生目标，依目标去找办法，在许多可行方案中，选择最佳的决策。因此，合理制订决策的程序是发现问题、处理问题到解决问题。那么，合理程序有哪些步骤呢？

1. 提出问题。选择最适当的问题，似乎是一件简单的事。决策者在一连串的问题中，一眼看上去把最严重的挑出来。可是，这并不是那么简单的。因为先要有工作的标准，也就是"应该"怎样做，而通常往往又不是这样，这就是"实际"怎样做。

"实际"和"应该"的偏差，我们通称"问题"。提出问题是决策的起点。在纺织生产管理中，每天都可能碰到很多问题，不论是生产、技术，还是工艺、操作，都必须从"实际""应该"的偏差去找。比如产量没有完成指标是问题，有许多因素纠缠在一起，包括车速、效率、停车等，重要的是正确界定一个问题。把问题的界线明确划出，才能概括出重要的有关因素，而把不相干的因素排除出去。

2. 寻求原因。把问题解释清楚等于解决了一半，因为界定问题就可以探索原因。探索原因实际就是寻求变化。在生产管理中，一切事情如无外力作用，原定计划就"应该"如实实现。发现"实际"结果不同于计划，必然有外力因素在起作用，这就是导致偏差的原因。但是，原因的认定不是单纯的选择，而是把界定问题所得的线索，作出一种有系统的运用。可能的原因必须加以查证，同问题有肯定的因果关系，在可能原因中找出主要原因。比如，上述产量完不成的问题，可以利用连锁替代法，从车速、效率、停车等原因中，找出影响最大的主要原因。

3. 建立目标。这是一个重要而常被忽视的步骤。如果目标定得含混不清，对比和选择可行方案时，就不能用作衡量的标准。因此，要求目标要具体制订，在时间、地点、数量上都要明确。比如，增加产量作为一个目标，必须指明什么产量？多少产量？在什么时间和地点增加多少？那就变成"在计划年内，某种纱支在原有基础上，增加产量百分之几，或增加多少件"了。这样，才能衡量某种方案能否产生一定的成果，或者能接近某一目标到什么程度。要通过决策获得某种成果，就得消耗一定的资源，资源包括人力、物资、资金、能源等。这里也要把时间考虑在内。订立目标，常常"应达的"数值无法实现，就得采用某种概率的"期望值"。

4. 提出方案。方案就是达成目标的措施。提出的方案应该不止一个，否则就无法加以比较。提出方案时的一个重要问题，是估计可能发生的后果。墨菲定律（murphys' law）认为，"如果一件事要出岔子，它总会出岔子"。决策者应该把一切可能发生的事情都估计进去。每项事件具体指的是什么？这项事件发生的机会有多少？这项事件造成的原因是什么？怎样防止可能发生的原因？能否把影响减至最低限度？在纺织生产中，增加产量总有几个方案，每个方案可能产生什么？比如，增添设备作为一个方案，就得考虑投资、面积等问题；挖掘潜力也是一个方案，就要考虑革新、能源等问题。逐一估计影响和制订解决措施，还要定出先后次序并确切控制。

5. 作出决策。这是制订决策程序的终点。决策就是从许多可行方案中，通过对比、评价、分析、选择，得出一个最佳或满意的方案。计算要有一定的模式，评价要有预定的标准。在完成了上述几个步骤后，最终决策是必然的结果。最佳化就是在消耗一定的资源条件下效果最佳。但在实践中往往不能实现，这时就要考虑满意化结果。比如，根据极限车速算出的产量，谁都知道是不现实的，要从原始方案进行逐步优化，这是决策中非常重要的一步。最终决策应该完全是定量的，但多少含有决策者本身的意图。在这种意义上决策又是定性的。

现在用图4表示理性决策的程序：

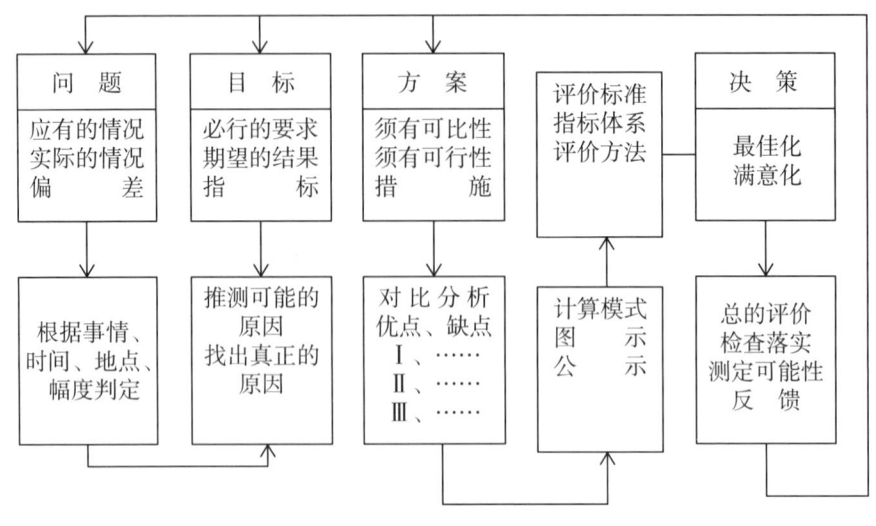

图 4　理性决策的程序

决策问题的类型和条件

决策，首先必须成立决策问题，而构成一个决策问题要有条件。大体上说，决策问题必须具备五个条件：(1)决策者企图达成的一个明确的目标；(2)决策者可以选择的两个或几个行动方案；(3)决策者无法控制的一种或几种自然状态；(4)这种或这些自然状态可能出现的概率；(5)相对于一种自然状态下一个行动方案的结果。决策问题由于有不同的类型，具备的条件可以有所不同。在纺织生产管理中的决策问题很多，包括生产安排、原料混合、工艺配置、设备选择、操作巡回等。属于可控因素的有各种设计、投产方案，属于不可控因素的有各种自然条件、劳动条件、经济条件、社会条件。

现就几种常用的决策方法分析如下。

1.确定型决策，这是指只有一种自然状态存在，而决策者对发生的结果完全掌握的决策问题。这种自然状态的发生是肯定的，也就是出现的概率是1，不存在发生的可能性问题。行动方案可能有几个，每个方案都有一个结果值。在纺织生产管理中，这种决策问题很多，包括确定各道工序的最大设备利用率，确定某种纱支的最佳混棉成分，确定某种工人的最大劳动负荷，确定某种产品的最佳批量或存量，确定工人合理看台面情况下的最短巡回路线，确定厂内外原料、成品的最短运输路线等。通常只求最大值或最小值，可用微分解、线性规划解、非线性规划解等。

2.非确定型决策，是指有一种以上可能的自然状态存在，决策者对各种自然状态是无知的，甚至对自然状态发生的概率也不确定的决策问题。这种决策问题和上述一种相反，几乎什么情况都是不肯定的，因此很难得到一种直接求解的方法。一般可以根据乐观原则、悲观原则、最小遗憾原则来决策。乐观原则，是以每种自然状态下各方案的结果值，在若干可能最大值中取绝对最大值。这又叫大中取大原则。悲观原则，是以每种自然状态下的各方案结果值，在若干可能最小值中取比较最大值。这又叫小中取大原则。最小遗憾原则，是以估计与实际相比得到的机会损失作为遗憾值，在各方案的最大遗憾值中取最小遗憾值。在纺织生产管理中，这种决策往往用于无法估量的情况，如采用新化纤原料时对其各种性能尚未掌握，对其使用价值难以断定，对设计的新控制系统的承载负荷、温湿度条件尚不了解，对采用的新设备装置的生产率、回修率、安装费、使用费尚未掌握等。在假设几种自然状态下估算各方案的结果值，取其最佳值为决策。

例如，可以生产的纺织品有三种，每种产品的需要情况不同，亦即自然状态有四种。各种产品在不同需要条件的利润如表1。

表1 各种产品在不同需要条件的利润

	需要大 S_1	需要中 S_2	需要小 S_3	不需要 S_4
产品 A_1	500 000	250 000	−250 000	−450 000
产品 A_2	700 000	300 000	−400 000	−800 000
产品 A_3	300 000	150 000	−10 000	−100 000

按乐观原则大中取大，在 A_1（500 000）、A_2（700 000）、A_3（300 000）中取 A_2。按悲观原则小中取大，在 A_1（-450 000）、A_2（-800 000）、A_3（-100 000）中取 A_3。按最小遗憾原则先算各项最大遗憾值（见表2）再取其中最小遗憾值，在 A_1（350 000）、A_2（700 000）、A_3（400 000）中，取 A_1。

表2　三种原则下的三种结果

	需要大 S_1	需要中 S_2	需要小 S_3	无需要 S_4
产品 A_1	700 000-500 000 = 200 000	300 000-250 000 = 50 000	-10 000 + 250 000 = 240 000	-100 000 + 450 000 = 350 000
产品 A_2	700 000-700 000 = 0	300 000-300 000 = 0	-10 000 + 400 000 = 390 000	-100 000 + 800 000 = 700 000
产品 A_3	700 000-300 000 = 400 000	300 000-150 000 = 150 000	-10 000 + 10 000 = 0	-100 000 + 100 000 = 0

可知采取三种不同的原则，可以得到三个完全不同的结果。

3. 风险型决策，这是指有一种以上可能的自然状态存在，决策者掌握各种状态发生的概率的决策问题。这种决策问题介乎上述两者之间，自然状态不止一种而发生的概率是确定的。这种决策用于纺织新产品试制的估计，新工艺、新技术采用后收益的试算，交货间隔期合理分布的预测，技术经济分析的最后验算和决定，投资方案和承担风险的计算，等等。制订决策时主要通过预测得到的概率，计算各项结果的期望值。

4. 对抗型决策。以上各种决策问题的共同点，在于只有一个决策者在作决策。在竞争或竞赛的情况下就完全不同了。因为每个决策者都要考虑对方，双方都在选择对己方有利的决策，事实上一方收益等于对方损失。在我们社会主义商品经济条件下，竞争的本质是不同于资本主义经济的。

我们要求运用对抗型的决策,来达到互相促进、竞赛提高的目的。为了说明这种决策方法,假定纺织生产中有两个竞争者。对决策者 A 来说,各方案的结果值都是收益;而对对抗者 B 来说,这些结果值变成了损失。也就是说,如为决策者 A 所盈得,则对抗者 B 就得不到。这时,只有 A 的最大收益等于 B 的最小损失,才为双方都能接受的最佳方案。举例见表 3。

表 3　对抗型决策

		对抗者 B 的方案				A 小中取大的收益
		B_1	B_2	B_3	B_4	
决策者 A 的方案	A_1	3	12	7	3	3
	A_2	⑨	14	10	16	⑨
	A_3	7	4	26	5	4
B 大中取小损失		⑨	14	26	5	取 A_2/B_1 ⑨

注:⑨表示 A_2/B_1 的数值。

由上表可知,A_2/B_1 是 A、B 双方都能接受的方案。

以上是几种决策问题的类型,仅对不常见的作了举例说明。必须指出,有些比较复杂的决策问题,往往不是一次决策所能解决的,而要在取得新资料后作二次决策,有些甚至还要作多次决策。如图 5 所示,现在有一种新化纤产品准备投产,由于对投产后的情况没有把握,考虑正式投产前先作试验生产。本例是一种风险型决策,以产量高低为自然状态,概率是预先掌握的。试验生产中,产量高的概率为 0.8,产量低的概率为 0.2。如试验生产高产量时,则正式投产中产量高的概率为 0.85,产量低的概率为 0.15。如试验生产为低产量时,则正式投产中产量高的概率为 0.1,产量低的概率为 0.9。不经试验即正式投产,产量高的概率为 0.7,产量低的概率为 0.3。试验生产时的投资为 350 000 元。

一次决策　　　　　　　　　　二次决策　　　　　　　　　条件利润

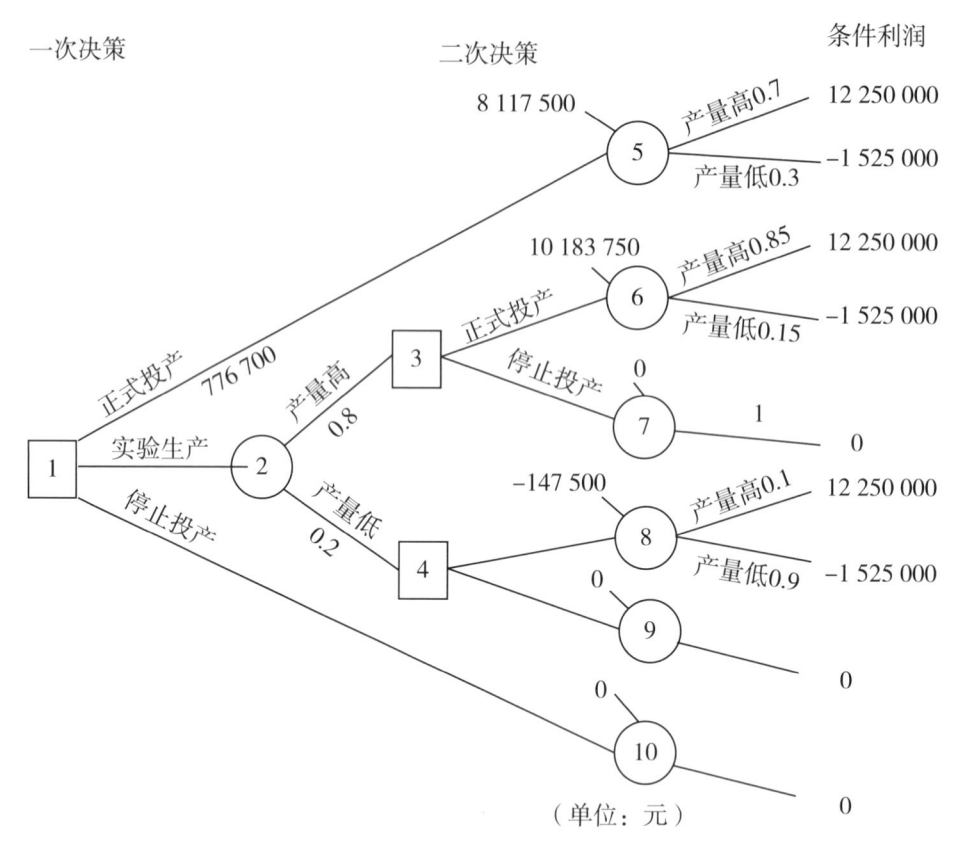

图5　多次决策案例

如图5所示，各机会点的期望值计算结果为

⑤ 12 250 000×0.7+（-1 525 000×0.3）=8 117 500；

⑥ 12 250 000×0.15+（-1 525 000×0.15）=10 183 750；

⑧ 12 250 000×0.1+（-1 525 000×0.9）=-147 500；

② 10 183 750×0.8+（-147 500×0.2）- 350 000=7 767 000；

⑦⑨⑩各点均为0。

由上可见，决策者选择正式生产，不先进行试验生产，可节省试验投资 350 000 元。

有关选择工艺设备的设计，决策问题就更加复杂了，大多要采取多层决策的方法，必须要具有完备的设计资料。如图6所示，现在要设计一种新的细纱牵伸装置,要求适纺纤维有较好的通用化,所纺纱支为中高支(20^s~80^s),从牵伸形式、加压方式、主要原件中,考虑选择牵伸装置的最佳方案。本例作为一种确定型决策,自然状态只有一种,概率为1。结果值可用成纱质量和制造成本计算。

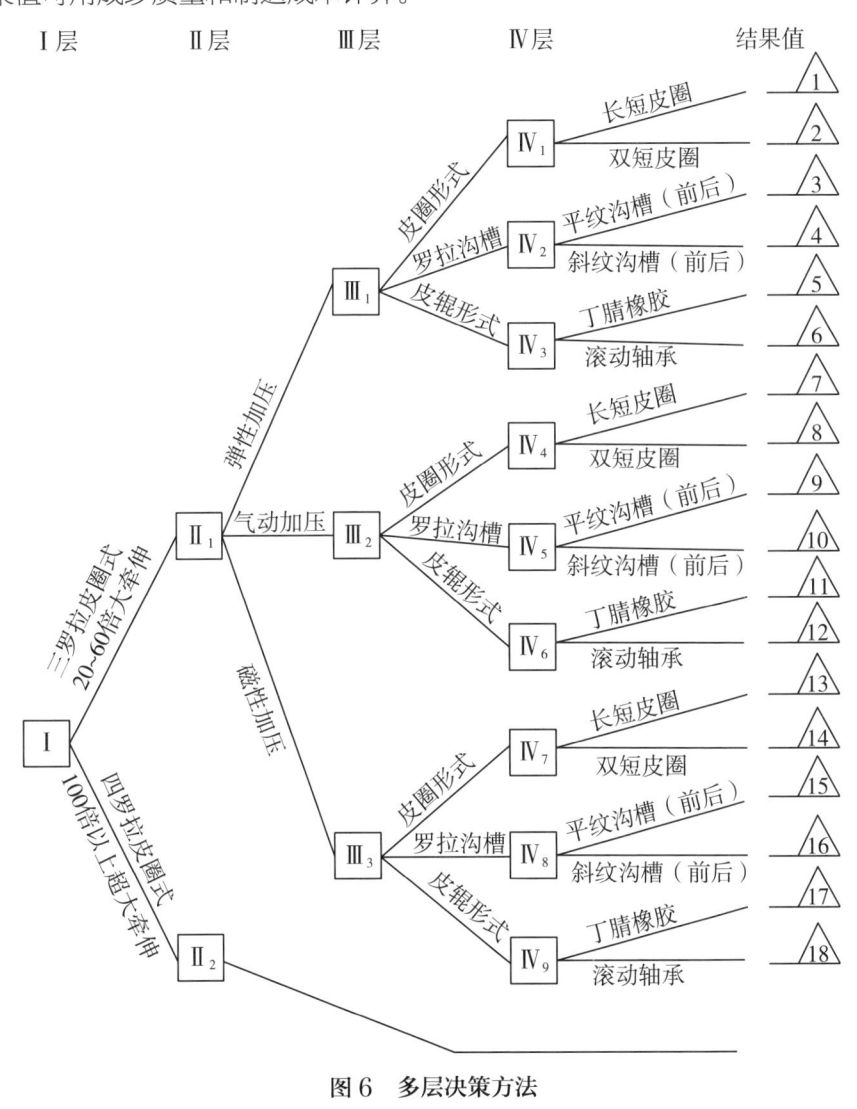

图6 多层决策方法

本例仅考虑牵伸形式、加压方式、皮圈形式、罗拉沟槽（内牵伸形式中的超大牵伸从简）、皮辊形式，约有近20个方案结果值。如再考虑上销尺寸、罗拉间距、加压大小等可能的变化，可供选择的方案结果值更多。本例各结果值的计算从略。

正确决策中的几个原则

正确决策，不仅要有科学的运用方法，而且要有正确的处理原则。如果仅仅有了如何应用的方法，而不注意如何贯彻的原则，决策还是不能产生预期的效果，即使产生了效果也是没有实际意义的。因为在现代化纺织生产中，由于各门科学技术的发展，生产社会化程度的提高，企业同外界各方面的联系愈来愈广泛、愈来愈密切，而影响企业发展的外部因素也愈来愈多、愈来愈复杂。从目前的发展趋势来看，生产管理活动的着重点已由直接生产过程逐步延伸到生产前，由企业内部逐渐转移到企业外部。这样，随着决策的地位日益重要，决策要考虑的问题更加广泛了。正确处理决策问题要坚持以下几个原则。

首先，决策必须有科学的预见。纺织企业不是存在于真空的社会中的，必须同一个国家的政治、经济、社会发展相适应。生产管理上的决策只是整个国家的社会工程的一个细胞，它在各方面都受到政治、经济、社会因素的影响，所以，作任何一项决策都不能没有科学的预见。为了具备科学的预见，最根本的是要掌握马克思主义，要研究科学社会主义的理论。实践证明，马克思主义是从对现实社会运动的研究中，对人类社会的发展作出科学预见的。因此，要适应今天的经济、社会发展研究的需要，在马克思主义指导下进行预测是必要的。这里包括对国家政治、经济、社会情况的预测，对国内外市场情况发展、变化的预测，对产品销售情况、消费者购买力情况变化的预测，对原料、能源供应情况、价格变化的预测，等等。这些外部因素都对纺织生产有直接的影响。只有经过认真细致的预测，才能在生产方面作出可靠的对策。

其次，决策必须有客观的资料。现代化的纺织生产管理，不掌握情报科学是不行的。当前，我们正处于信息爆炸的新时代。纺织科技知识的涌现排山倒海，特别是在短时期内急骤增长起来，信息数量之大、传递手段之快、知识换代之短，都使情报有必要成为一门专门的学科。过去由于我们不重视情报，光靠个人主观臆测作决定，以致生产技术落在后面，组织管理水平也很低。情报要为决策提供必要的资料，而且要内容正确和时间迅速。就纺织生产管理而言，决策者要了解有哪些因素可能发生，每种因素发生的概率如何，这些因素发生的原因何在，以及它造成的后果如何，这些都要有确切的情报资料，作为我们制订决策的基础。我们掌握的资料愈丰富，那么所作的决策就愈正确。国外对在完备资料下作决策和在不完备资料下作决策，是有严格的不同看法和评价的，因为最佳行动方案来自完备资料。

最后，决策必须有实际的效益。决策是方法，而不是目的。通过决策，选出采用技术组织的最优方案，为我们带来最大的实际效益，这才是目的。纺织科学技术是在不断发展的，哪些技术、组织措施有实际效益，需要分析、计算、判断和决定。这不是一件很简单的事，首先要明确实际效益的概念。技术的先进性固然是重要的，但还要看有没有适用性。从我们纺织生产的实际条件出发，先进的技术要为使用者带来效益，要能为我们所采用、所推广，这就要求在数量上作出计算，所用的事实资料是可靠的，所用的处理方法是合理的，使我们在采用某种方案时作出正确的选择和决策。

总之，决策是生产管理中的一个重要方法。它为决策者提供一种逻辑推断的技术，从发现、处理到解决问题提出一条理性思索的途径，为实现对策最佳化、满意化创造一个必不可少的前提。为了使这种方法发挥其应有的作用，应该对决策的若干理论问题作些探讨，在弄清属性、程序、原则的基础上，对决策方法的运用就容易入手。一种先进的技术不等于一种适用的东西，必须从我国纺织工业的实际出发，来探索决策的具体应用和推广。这样，才真正有助于纺织科学技术的引进，有助于纺织生产管理水平的提高，有助于推动纺织工业现代化的建设，使其为整个国民经济作出更大的贡献。

棉纺系统的限度 *

D. Keim

环锭纺纱机

1974 年,全世界按照棉纺系统纺纱的工厂共装有环锭纺 1.46 亿锭和气流纺 112 万锭。如以气流纺平均每锭产量按环锭纺三倍计算,则气流纺总锭数相当于环锭纺 340 万锭,这是总锭数的 2.3%,仍然只是一小部分。

若干作者的意见认为,每年将有约 1 000 万锭环锭纺被淘汰,按比例来说,它们不会全部被气流纺代替。因为:

1. 中支纱和细支纱由于人们熟知的经济原因,将继续在环锭细纱机上生产;

2. 按照目前纺织机器制造厂的生产能力,直到 1980 年气流纺纱机每年还只能提供 50 万锭左右气流纺。折合细纱生产能力,约合 150 万锭的环锭纺。这意味着,到 1980 年,在更新的生产能力下,气流纺最多只能占 20%~25%,这样到 70 年代末,气流纺产量只能占细纱产量的 10% 左右。

这意味着环锭纺总锭数将逐步减少,而新式环锭细纱机将继续制造和销售。

这也意味着对纺纱厂来说,将来有一个长时期还须探索下列问题。本文旨在从合成纤维角度更详细地讨论这些问题。

---

* 本文系该篇原文的第二部分,第一部分论述棉纺系统的前纺部分。

气圈环

当纱条离开牵伸机构后，在其到达纱管的途中，要在几处同金属机件接触（图1）。这些部分是叶子板、气圈环、钢丝圈，也有时会和钢领接触。这里，某几类纤维就会由于机械摩擦或摩擦和接触热而受到损伤。叶子板对纱条没有任何副作用，但在气圈环处，由于气圈和气圈环的摩擦会产生相当多的短纤维片段的沉积物。

在细纱以超过60米/分的速度沿着气圈环移动时，就会产生合成纤维熔点范围内的局部温升。

由于环锭细纱机上管纱成形方式，这种现象只在管纱底部特别是在锥形底部发生，因为正是在这些位置气圈最大。这种细纱损伤随着管纱纺满而消失，因为气圈已不再和气圈环接触了（图2）。

细纱的机械特性和色泽均匀度在这方面是很受影响的。

西德纤维加工研究所曾对尼龙和聚酯纱的管纱底部进行实验，测得强力损失平均百分率如下：以钢丝圈线速度为20米/秒时的细纱强力为100%，则钢丝圈线速度为25米/秒时强力降低10%，钢丝圈线速度为30米/秒时强力降低20%，钢丝圈线速度为35米/秒时强力降低30%。

这意味着锥形底部的强力损失还要更大些。

这样，用标准气圈环来加工尼龙和聚酯纱时，钢丝圈线速度不能超过25~30米/秒，而加工防起球聚酯纱时，钢丝圈线速度只能是20~25米/秒。与此相反，加工棉、粘胶和聚丙烯腈就不那么敏感，就不必再以气圈环引起任何纤维损伤为缘由，而定出速度限制。采用棉或粘胶混纺时，上述聚酯和尼龙纱的钢丝圈速度限制就可提高到约30米/秒。

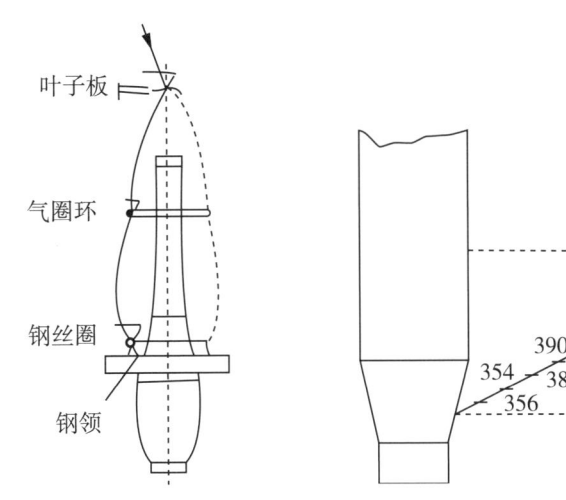

图 1　由于熔化产生的纱线损伤（从顶部到底部：气圈环、钢丝圈和钢领）

图 2　底部气圈环对断裂强力（厘牛顿）的影响（锭速 13 500 转/分，钢丝圈线速度 33.9 米/秒）

为了减少或防止这种纤维损伤，可以采用下列各种可能性：

1. 不用气圈环纺纱；
2. 改进气圈环表面；
3. 改变气圈环形状；
4. 采用润滑气圈环。

关于上述第一点，一个人们熟知的事实是：气圈环使气圈限制在一定直径内，这样就有可能使用较轻的钢丝圈或较高的锭速来纺纱。因此，如不用气圈环，在运转效益方面就一无所得。

关于上述第二点，改变气圈环的表面或截面而带来的机械摩擦减少，只能导致很小的改进。这说明机械摩擦不是纱线损伤的主要原因。

关于上述第三点，采用西德纺织研究所提出的螺旋气圈环，就可把整个接触长度分于气圈上几个接触点上，从而减少了摩擦热。采用这种气圈环，可以增加速度 10%~20% 而不致产生纤维损伤。

关于上述第四点，西德纤维加工研究所实验指出，特别是在加工敏感的防起球聚酯纱时，只有采用一种润滑气圈环，才可能使纱线损伤问题真正有所解决。即使应用少量的油（约合所加工细纱量的 0.03~0.05），就足以显著地提高运转速度而不致引起纱线损伤或强力损失。这是值得一提的。当然有个条件，就是所用的油必须能轻易地洗掉。

但是，有关螺旋气圈环或润滑气圈环在正常纺厂条件下的运转状态，尚未获得任何报道。

锭子

新式锭子从来没有达到它的机械运转限度，能量消耗随着锭速的增加而剧升（约为 2.4 次方的函数），锭速增加又使气圈中的离心力增加，空气阻力大为增加，断头时纱向外逸出的飘头，钢领与钢丝圈的性能，以及回转机件产生的振动都限制了锭速的潜力。按照兴凯尔（Schenkel）所说，锭子上部和筒管的制造公差，以及成形不良管纱产生的位移，使卷绕区张力产生波动，纺满管纱的张力约为始纺负荷的 5~6 倍。由于这些要素取决于加工条件的各点是构成环锭纺的基本结构，所以同其他纺纱工艺对比起来，不可能在运转速度上很快提高。

关于这点，应该指出的是，日本采用的高锭速（16 000 转/分或更高）只能在日本通用的小卷装上才可能。不仅所用钢领直径较小，而且筒管长度也较短（200~220 毫米）。这就使气圈很小，而纺纱张力也可降低。

在现代环锭细纱机上，采用正确安装的锭子和固定安装的钢领（以后无须再调中心），就可降低断头数。

锭子或用锭带传动，或用龙带传动。在这两种方式中，龙带传动具有下列优点：

由于取消了传动锭带的滚筒轴，回转件的惯性力大大减小，这导致振动减少和锭速提高。

锭带传动长车上的锭速差异为3%~5%，而龙带传动的速度差异减至1.5%~2%。

为了接头而将一个锭子刹车掣动时，不致影响相邻锭子的速度。

由于采用适当的封闭形式，气流干扰得以免除。同时，噪声也可降低约5分贝。

钢领和钢丝圈

当采用在纺纱厂中作为主要型式的那种T型平面钢领和对称的C型钢丝圈时，细纱被导向管纱上部特别是筒管顶部的过程中，细纱拉力增加而使钢丝圈严重倾侧。这使运行中细纱与钢丝圈的空隙减少，进入钢领与钢丝圈之间的接触区，以致遭到机械和热损伤。典型例子是纱隆起和熔化节的产生，使强力和伸长率大大损失，以致细纱断头频率显著提高。这可用弧形高的钢丝圈来防止，但是，纤维的润滑效应减少，会导致钢丝圈速度的降低以及钢丝圈磨损率的上升（图3）。

C_2hr MTW型　　C_2hr T型

钢领#2边缘 钢丝圈（左）MTW型#C_2（右）T型#C_2

图3 加工合纤及其混纺所用的钢领和钢丝圈组合

尽管在实际条件下进行了有成效的实验，尚未找出更为适当的非对称钢领及与其配合的钢丝圈，因为从纺纱厂的观点来看，它们的性能还不是普遍适用的。因此，纺纱厂必须经常在提高钢丝圈速度（产量）和提高纺纱效果（质量）之间寻求折中方案。

下列因素在钢丝圈顺利运转中所处的地位是不容低估的：空气调节、换气次数、空气清洁度、钢丝圈净洁度以及钢领和锭子的正确同心度。

加工棉/合纤混纺实际上采用的钢丝圈速度约达 30~32 米/秒，加工 100％合纤纯纺纱采用的钢丝圈速度在 25~31 米/秒之间。而钢丝圈的平均寿命为 250~300 小时。与加工纯棉纱所采用的速度 35~37 米/秒相比，低约 15~20％。加工深暗色或原料染色纤维时，即使采用带有半圆形截面的重心最低和刚性最硬的钢丝圈，钢丝圈寿命也要缩短到 72~240 小时。

精梳毛纺系统中早已证实有效的粉末冶金平面钢领和尼龙/金属钢丝圈（NSC）配合未必对棉纺系统适用（图 4），因为除了飞花使钢丝圈很快沾污外，制造钢丝圈使其具有必要的稳定性也是不大可能的。

图 4　C 型粉末冶金平面钢领连同尼龙金属钢丝圈

回转钢领

固定钢领与回转钢丝圈之间产生的障碍可用回转钢领来克服。西德纺织研究所曾在"细纱形成过程中的熔化节"课题研究中得到如下认识，用空气轴承钢领纺制 67％聚酯和 33％精梳棉的 250 分特（40 公支）混纺纱，锭速为 24 000 转/分（这个速度可保持钢领与钢丝圈处于同步状态）。在这些实验中并未发现细纱上有熔化节。

但在这种钢领的启动和制动过程中仍有困难。为了在细纱上均匀加捻，重要的是在这些阶段中要使输出速度与锭速之间同样保持恒定比例。

采用美国发表以"回转钢领（living ring）"为名的积极式回转钢领，肯定可以对上述困难加以较好地控制，积极式回转钢领与锭子如图 5 所示。

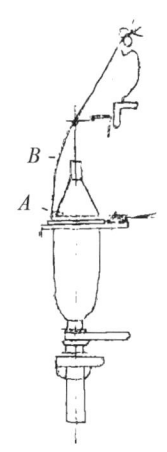

图 5 积极式回转钢领与锭子

可以指出,采用这种钢领,钢丝圈与管纱表面之间的细纱张力会显著减少,以致细纱断头数降低;而且可以减少钢丝圈磨损和毛羽纱。

但是,从表 1 所示有关棉纺系统上纺制单纱的效果汇总文献上的结论来看,有些说法还有疑问。

表 1 不同需要条件下各种产品的利润

纱线种类支数（分特或公支）	精梳棉纱 156（64）		粗植纱 1.7 分特（40 毫米）1 000（10）	
拈回数 / 米	906		355	
钢领类型	普通	回转	普通	回转
锭速（转 / 分）	10 000	16 000	5 500	11 000
钢领直径（毫米）	50.8	57.2	57.4	57.2
钢丝圈速度（米 / 秒）	26.2		16.5	
断头率（根 / 千锭时）	40	12	30	12

表列各种数据都取自 48 台锭的实验机台(28 台锭装有普通钢领,24 台锭装有回转钢领的)。这些数据特别是细纱断头数字不应评价过高。采

用回转钢领所取得在运转上的显著改进,是同普通钢领采用低速回转相对比的结果。对于表列的棉纱支数,采用更合适的钢领直径(例如44毫米),当然普通钢领也能达到 30~32 米/秒的钢丝圈速度(或锭速 13 000~14 000 转/分),即使是粗支菲帛罗纱也能达到至少 30~32 米/秒的钢丝圈速度(或锭速 7 000~8 000 转/分)。如果普通钢领采用这些修改过的数字,那么回转钢领就显不出它的优点了,而且许多作者认为回转钢领只对粗支纱范围有利,而正是这种纱支范围将来可用各种新纺纱工艺来完成。

回转钢领是否在实际纺纱工厂中经得起粗糙与复杂条件的考验,目前还是问题,因为现在所得如上述的结果只是实验室试验得来的。

自动辅助装置

程序控制装置能使现代环锭细纱机按所需控制操作程序自动开车、正常运转、升降钢领板、换筒管,以及各方面变速。这样,就有可能改进细纱断头数字,按照筒管上纱的容量改变锭速来提高效率约 10%。

约在十年前,环锭细纱机上首次引入落纱装置,现在已在许多棉纺系统的工厂中同时采用,或为固定式如青泽的 Co-we-mat 可纺至 250 分特(40 公支),或为小车式如梅耶的落纱机可纺 250 分特(40 公支)至约 145 分特(70 公支)。所采用落纱装置,视所纺的纱支而定。

采用落纱装置可使落纱周期的停车时间缩短,设备利用率提高,产量增加。

但是,在安装此种装置以前,须就个别情况确定其经济性,以便决定这种装置是否适当以及采用何种型式。

接头装置

过去几年来，纺织厂一直致力于使操作工断头时快速来到锭子前进行操作，或者采用巡回检测装置指示锭子需要接头，或者利用座车使操作工巡回接头。从1971年到1975年国际纺织机器展览会上，许多制造厂（如青泽、汉勃灵－希斯潘诺）都展出了自动接头机。

西欧纺厂组织[①]把自动接头机列作需要改进项目的第一项。但自动接头机还须若干年的改进，才能解决各项问题，投入正常生产。总之，各项单项操作是比较复杂的，如接头机在断头前定位，掣动锭子从管纱上寻找和握住纱尾，将纱穿过钢丝圈、气圈环和叶子板，在前罗拉钳口处接头（即使操作工在环锭细纱机上接头也需很多动作才能正确而圆满地完成）。由于这一理由，接头机也要20~40秒才能接好一个断头。因此机械接头不比操作工接头快，而且机械接头成接率估计只达80%。尽管存在这些事实，只要不再造成新的断头，自动接头机仍能减少操作工负荷。其次，还能使操作工扩大看台面来进行其他操作（例如清除皮辊花、换粗纱）。

为了利用自动接头机的最大能力，最好在一台或少数几台机器专用。自动接头机可按所纺纤维种类以及所需细纱质量，适当提高细纱机的输出速度，同时有意识地满足断头数增加的要求。

动力消耗

棉纺系统上动力总消耗量中约有15%用于空调，约有7%用于照明，约有78%用于工艺。这个百分率分配几乎适用于所有纱支。

然而，有效动力消耗随着纱支变细而增长，这主要由于环锭细纱机在动力总消耗量中所占的百分率增大。环锭细纱机纺500分特（20公支）

---

① 指国际纺织机器协会欧洲棉纺织ITMA-Euro-Coton代表11个国家329个工厂。

细纱时的能量消耗为 47%，几乎占总消耗的一半。这个百分率在纺细支纱时可能超过 60%。节约能量是不大可能的，因为这和成本费用组成有矛盾。做出尝试来提高速度和自动化程度，虽可以降低高工资开支，但除了提高投资费用以外，这些措施还将增加动力费用。

机器零件磨损的明显增加只能使纱线产生质量下降的危险，再加上能量费用的上涨都会使提高速度的趋势得以下降。

必须弄清，能量费用在纱的制造成本中比工资和机器折旧占少得多的比重。从这方面看，能量节约只能产生不很明显的积极效应。

纺纱限度

这种限度主要取决于细纱截面上纤维的根数亦即取决于纤维的细度，但是同时也要考虑纤维的长度。随着细纱截面上纤维根数的减少，纤维利用的程度即在某种特定纤维强力基础上所能实现的纱线强力就会降低。同时，细纱不匀率增加，断头根数增多。采用细度较细的纤维可使纱线强力增加。但这并不是可以随意做到的，因为除了机织物有质量要求（手感、身骨）外，加工困难又增添了若干限制，特别是在梳棉机上，棉结增多和锡林针布负荷过大限制了细度的增加。

几种纤维的纺纱限度如表 2。

表 2　几种纤维的纺纱限度

纤维种类	粘 胶	尼 龙	聚丙烯腈	聚 酯
分特/毫米	分特/公支	分特/公支	分特/公支	分特/公支
1.4/40	91/110（65）	—	—	83/120（60）
1.7/40	110/90（65）	100/100（59）	110/90（65）	100/100（59）
2.2/40	165/60（76）	145/70（65）	165/60（76）	145/70（65）
3.3/40	250/40（76）	210/48（63）	250/40（76）	210/48（63）

（续表）

纤维种类	粘 胶	尼 龙	聚丙烯腈	聚 酯
2.4/60	165/60（69）	145/70（60）	165/60（69）	145/70（60）
3.3/60	250/40（76）	200/50（60）	210/48（63）	200/50（61）

注：（ ）中数字为纱线截面上的纤维根数。

上表指出，为了获得可取的纱线质量，棉纺系统上用粘胶和聚丙烯腈纺出纱的截面至少须有 65~75 根纤维，而用尼龙和聚酯纺出纱的截面至少须有 60~65 根纤维。对此，最少纤维根数随着所纺纤维挠曲刚性的增加而趋向于所列范围的上限。

采用长度较长的纤维时，纺纱限度则稍向细支纱范围移动。

上述纺纱限度当然有一假设，就是环锭细纱机各相应部分都处于良好机械状态并正确安装。

结语

由于加工条件对棉纺系统所设的种种限度若干年前早已论述。各种新发展如螺旋形梳棉机、润滑新气圈环和积极式回转钢领的结果，必然愈来愈接近这些限度，同时，还得考虑环锭要对纤维素纤维和合成纤维进行加工，因为人所共知的事实是这些纤维因机械和热变形而受到损伤。由于各种自动装置如条子控制、条筒更换、落纱装置以及接头装置的出现，工艺发展到达了一个很高的状态。这些需要经特殊训练的工人去保养。此外，这些装置需要的投资费用常常不是经济评价所能得出判断来的。

同时，可以明确地说，目前为止已知新型纺纱工艺中还没有一种具备这样大的通用性，能适应各种类型的纤维适纺，像环锭纺纱工艺那样涉及这样大的纱支范围。不同纺纱系类型及其纱支范围见表3。

表3 不同纺纱系类型及其纱支范围

纺纱系统类型	纱支范围
Luftwirbe 纺纱系统	200~700 分特（15~50 公支）
Dref 纺纱系统	2 000~10 000 分特（1~50 公支）
Bobtexles 纺纱系统	350~3 500 分特（3~35 公支）
Rotofil 纺纱系统	50~200 分特（50~200 公支）
Selfil 自拈纺纱系统	200~1 500 分特（7~50 公支）
Repco 自拈纺纱系统	100~500 分特（20~100 公支）
气流纺纱系统	200~2 000 分特（5~50 公支）
环锭纺纱系统	40~10 000 分特（1~250 公支）

同时，跟在所有情况下都能纺出纱来的棉纺系统相比，其他任何一种新型纺纱工艺，总是从一开始就有困难发生。正像今天所见，许多新型纺纱工艺，尽管可以在纺纱生产领域中占一席之地，但用来代替百余年的环锭纺纱系统只能缓慢地进行，因此，其目前要整个代替环锭纺纱系统的可能性是很微小的。

周世逑译　丁寿基校

译自 *Chemiefasern/Texil-Industrie*，1977 年 5 月

E68—E70 页

螺旋梳理工艺

S. Brown，Philip I.Rhodes，Mayer Mager，Jr.

引言

　　近年来，人们对改进个别加工机器以及配备各种自动化设备作了广泛研究，但对全面彻底革新的加工装置却还没人进行研究。早前，美国南方研究中心提出，要在棉纺织加工中作出重大改进，只能通过新技术、新设备的发展，才能实现。同时认为，仅仅改进一下设备甚至设计一些能适合现有加工系统的全新机器，也不能使纺织加工设备完善到质量上取得重大提高和制造上降低成本费用的地步。

　　因此，美国南方研究中心的研究工作就转向全新棉纺加工系统的设计。这种系统旨在使加工棉纤维从拆包到成纱成为一连续过程，把开松混合成单纤维直到成纱的各种操作联合起来。建立这样一种系统，即能将已开松与混合的纤维束分配到分离机构及后道成纱机构。这种分配系统的设计工作尚在进行中，要运用新的纤维处理技术来实现必要的成纱均匀度。本文阐述一种称为螺旋式梳棉机的这种纤维分离机构的发展情况。在现阶段，这种机构和普通梳棉机相比，只有在将纤维束经分梳作用而成单纤维一点上相似，但还没有达到普通梳棉机那样高的生产率。

　　这种机械出现的较大困难问题之一是，如何能使棉纤维完全分离而无纤维损伤，以及将棉纤维加工成适当形式以便后道加工与最后成纱。为了解决这一问题，采用了一种新的纤维分离方法，因为目前的一些方法为了减少纤维损伤数量都要降低纤维的分离程度。

试验中的研究工作

为了进行研究,曾用空气动力、静电力和机械力作为分解棉纤维的手段,经过利用这些力做各种途径的广泛试验以后,确定采用锯齿辊仍然是实现这一目标最有效的手段。因此,接着研究罗拉直径、表面速度、离心力、齿尖密度、锯齿倾角对产品质量的影响。研究结果表明,当罗拉直径小、齿尖密度高、回转速度大时,分离和梳理纤维的效果可能最好。

人所共知,锡林负荷大对梳理质量有不良的影响,但发现如果锡林在某种速度下运转,就可使锡林负荷减少。这种速度就是对棉纤维产生大约600克离心力时的速度。在这种速度下,锡林具有自剥作用,要是没有罩壳的约束,纤维由于离心力关系会逸出锯齿。

锡林直径愈小,则锡林为获得自剥作用所需的纤维速度也愈低,这样有助于减少纤维损伤的机率。锡林在自剥速度下运转有三个优点:锡林负荷减轻,使锯齿能以最高效率进行梳理;纤维由于离心力作用而向梳理面伸出;道夫无存在之必要。

如果直径小,能自剥的锡林(76.2~101.6毫米)可以提供分离纤维最佳途径的话,那么问题就在于如何安装锡林成为一台结构简单而紧凑的机器了。当把锡林用作刺辊连同给棉罗拉和给棉板的形式时,就得要求给棉罗拉的钳口要紧到足以实现纤维的充分分离。但是,采用这种装置时,即使喂给定量只有46克/米的薄棉层,仍然会发生纤维损伤的情况。

试验证实,采用工作辊和自剥锡林的联合装置,并由传统的刺辊获得纤维,效果要比刺辊、给棉板装置优越,因为纤维不致被牢牢握住,这就可以减少纤维损伤,但锡林直径小、周围空间少,限制了采用工作辊的数量。

为了免除刺辊、给棉板装置和多工作辊装置以及梳理面积过大的缺点,同时又要保持小锡林高速运转的优点,采用一种新技术措施。这种措施是以棉束喂入，并迫使棉束螺旋式地通过小梳理锡林的长度方向，该锡林由一同圆心的微粒梳理面和一纵向绕行管道围绕起来。梳理锡林的直径为 101.6 毫米，长 304.8 毫米，转速 5 000 转 / 分，该速度亦即自剥速度。管道一端为吸风装置，棉束自管道另一端喂入。进入管道时，棉束被锡林锯齿抓取，绕着锡林经过梳理面。再次进入通道时，纤维被抛离锯齿，气流将纤维送至输出端。

纤维之所以被锡林锯齿重新抓取，主要由于棉束的向前动量和通道的截面形状。吸风作用和锡林回转作用一起使棉束沿着螺旋通道前进。梳理循环次数则取决于吸风量、通道形状、锡林长度、锡林转速和棉束大小。单纤维由于质量轻，能直接通过气流通道，这样保证了纤维不致受到过度的作用。

这种机构显示出螺旋梳理的可靠性，使纤维得以完全分离，而机器结构简单紧凑。但是，较大的微粒梳理面和高速锡林之间存在着强烈的分梳作用。

为了解决纤维损伤的问题，又提出第二种机构形式（见图 1），在原来微粒材料处装上一个工作辊，上面包有金属针布，回转时朝齿尖相反方向，也就是齿尖方向和回转方向相反，而与梳理锡林的齿尖方向相对。棉束按前述方法喂入，被带上梳理锡林的顶部。当纤维束接近工作辊时，因离心力作用转移入工作辊锯齿，并随着工作辊的回转被梳理锡林梳出，因此没有纤维被握住的现象，这种配置使纤维损伤基本上消除了。

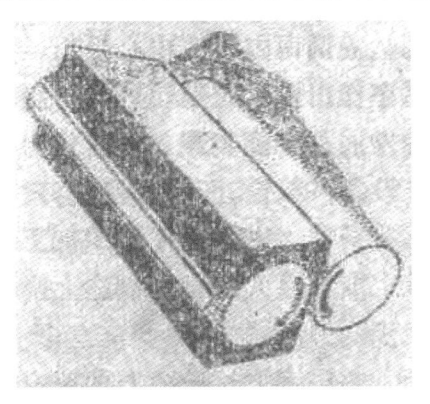

图 1　早期螺旋式梳棉机形式

在该装置上，罩壳只用来把纤维保持在锡林锯齿上。必要时罩壳下部可嵌一清洁装置。由于纤维开松良好且有巨大离心力的存在，足以将纤维中的杂质和棉结抛去，因此该装置具备很好的除杂能力。

如前所述，这项研究旨在设计一种纺纱用的分离纤维的装置，故着重减小装置尺寸而不在于增大尺寸和提高产量，我们认为，这种装置可以发展成为正常生产的梳棉机，但还需作进一步的研究。

根据上述螺旋梳理原理，又作出了另一种改进设计。此种形式为自由端纺纱提供一种有效的喂给装置（见图 2、3）。该装置具有两支锡林，直径各为 82.6 毫米，长度各为 50.8 毫米，第一锡林兼作给棉罗拉和工作辊之用，上面包有道夫用金属针布，回转时齿尖方向和回转方向相反。

在该锡林的一端装一 12.7 毫米的狭给棉板，以喂入原棉。第二锡林则包有锡林金属针布，按正方向以 5 000 转/分回转。

为了免除吸风和积极控制梳理循环次数，梳理锡林罩壳的顶部嵌有四条螺旋槽，随着梳理锡林按自剥速度回转，每槽迫使纤维旋过锡林的 1/4 长度，这样，纤维就沿锡林 50.8 毫米宽度上绕锡林四周。

图 2　螺旋式梳棉机（关闭时）　　　图 3　螺旋式梳棉机（开启时）

随着工作辊的回转，纤维从给棉板带上工作辊的齿尖，再由梳理锡林的锯齿所抓取，梳理锡林对来自工作辊的纤维进行梳理，然后将它们从齿隙中抛出而进入第一条槽。由于回转动量和气流作用，纤维沿槽通过锡林顶部而在12.7毫米处再次被锡林锯齿抓取，纤维又绕过锡林下部而带回工作辊。再反复循环三次，故实际等于有四根工作辊。

在罩壳的上部，末条槽与输出口连接，纤维在锡林产生的低流量气流中输出。

该装置能获得良好的纤维分离效果而无纤维损断现象。在六种不同的分离装置上作出了韦氏纤维长度试验（见表1）。上四分位长度或分级长度为27.9毫米，平均长度21.3毫米，变异系数（试样内）为38%，12.7毫米以下纤维比例为17.2%。

表1 螺旋式梳棉机上加工后纤维长度分析

	喂入螺旋式梳棉机纤维的韦氏长度分布			
	上四分位长度 27.9毫米	平均长度 21.3毫米	变异系数 38%	12.7毫米以下 纤维比例17.2%
序号	经分离后纤维长度（螺旋式梳棉机）/毫米			
1	28.7	22.6	35	13.1
2	29.0	22.9	35	13.2
3	28.4	22.3	36	14.8
4	28.4	22.1	36	16.6
5	28.4	21.8	37	16.6
6	28.2	21.8	37	16.1

从螺旋式梳棉机上所取六种试样的上四分位长度和平均长度比喂入原棉略长。其可能由于取样方法，也可能由于若干短纤维在托持漏底处排除，六种装置的复现性良好，各装置间差异不大。

不论对传统纺纱或断裂纺纱，这种装置的生产率都足够供应纺成单纱所需的纤维量。该装置设计适用于多锭式纺纱机结构，因每锭只需工作宽小于 50.8 毫米。本装置中，纤维彻底的单根状态，给利用离心力以及内在的设计提供了理想的条件，使每一单元罩壳下部具有较高的清除效能，可作为纺纱机上有效的除杂装置。

结语

本文基本研究部分是利用一小工作辊和一小锡林协同工作，齿尖密度高，按自剥速度回转，进行强梳理，无纤维损伤。

本研究提出的两种装置形式今后可望得到应用。最初一种试验形式，需要外来风源，可以发展成为正式生产的新型梳棉机，也可作为无纺织物的喂给装置。

在全面发挥这种装置的作用前，还需作出大量试验研究。诸如喂给方式、通道形状、空气流速、锡林直径、表面速度、齿尖密度、锯齿倾角、自剥锡林和工作辊之间的间距等参数尚待调研确定。

周世述译　贺福敏校
译自 Melliand Textilberichte international 英文版 略有删节
1976 年，第 5 期，第 396—398 页

三 其他类

图书资料工作的系统研究*

图书馆是社会主义文化教育的强大阵地,是为社会主义现代化建设服务的重要战线。但是,为了达到这一任务,图书馆必须首先实现本身的现代化。一个十分重要而迫切的问题,就是要提高我们图书馆的管理水平。我们要研究和使用一套组织管理的科学方法,来改进和提高图书资料工作的质量和效能。在这方面,国内外都很重视系统方法的应用。系统方法已卓有成效地用于许多领域,但运用于图书馆工作还是一种新试探。

系统研究——科学方法论

系统研究是科学方法论的重要发展,它为进行科学研究提供了新的途径。系统方法不是从局部出发去研究事物,而是把构成一事物的各项因素,组成一个总体,看成一个系统,进行全面分析,从而求得目标、方案、实施办法的最优化。随着生产的不断发展,科学技术的日益进步,涌现出大量的新问题、新关系,只有把事物的各环节联系成为整体,定量地确定各环节间的相互关系,才能把握事物的本质,使之得到全面的解决。这就要求把系统理论渗透入具体学科中,使各种事物结合起来成为一个系统,从而运用系统方法去分析、认识和解决问题。

恩格斯在《路德维希·费尔巴哈和德国古典哲学的终结》一书中说:"一个伟大的基本思想,即认为世界不是一成不变的事物的集合体,而是过程的集合体,其中各个似乎稳定的事物以及它们在我们头脑中的思想映

---

* 周世逑:《图书资料工作的系统研究》,《江苏图书馆工作》1981 年第 2 期,15-20+38 页。

象即概念,都处于生成和灭亡的不断变化中,在这种变化中,前进的发展,不管一切表面的偶然性,也不管一切暂时的倒退,终究会给自己开辟出道路"。这里的"集合体"就是系统,而"过程"就是系统的组成部分的相互作用和整体的发展变化。今天,这种思想已经发展成完整的系统科学,而且被广泛地应用到各门学科的领域中去,正在指导着这些学科的不断发展和开辟道路。

但是,系统方法在图书馆的应用中有没有必要呢?现在,摆在我们面前的是两个基本事实。一是图书馆的社会地位变了。搞任何社会建设都少不了三门科学,即材料科学、能源科学和信息科学,而我们图书馆主要是搞信息科学的,是输送和传递文化科技信息的。目前各国图书馆的共同发展趋势是向以数据库为主要特征的第五代图书馆前进,这说明图书馆的社会地位愈来愈重要了。二是图书馆的社会职能变了。当前,人类正处于"知识爆炸"的伟大时代,新文化、新科学知识的涌现,特点是数量大、换代短、传递快。图书馆的职能已经不全是过去的"知识仓库"了,更重要的是还要肩负"提供情报"的职能,图书情报一体化的要求愈益迫切。而且还要承担"培养智能""终身教育"这些新兴而日趋繁重的职能。为此,我们要研究一点图书馆的未来学,使我们有能力去适应未来的社会需要。

为了适应这种形势,图书馆本身必须变。设备要现代化,人员要专业化,方法要科学化。这些当然都是必要的。但是,当务之急是改进管理。目前,我们的管理工作还比较落后,许多地方还充斥着无效劳动。所以首先要改进管理方法,这比引进先进技术还重要。即使到了应用先进设备时,管理工作仍然是重要方面。在这方面,我们认为应用系统方法,是可以发挥很大作用的。主要在于:

第一,合理组织人、物、事的物质因素。系统方法要求把图书馆作为一个系统,必然包括人、物、事各项物质因素。其中人是最活跃的因素。

物的因素包括物资、设备和资金。事的因素包括任务和信息。要正确组织图书馆的工作，就得合理安排每一个因素，否则不可能取得高工作效率。

第二，严格建立畅通无阻的流通过程。图书馆活动是个不间断的运动过程。从图书资料的搜集、整理、加工到它们的典藏、保管、流通，是个川流不息、循环不止的流程。系统方法就是要研究这个流程如何能迅速传递、畅通无阻。要把大量的图书资料，送到成百上千的读者手中，这就要人、物和信息相结合，才能使流程加速高效地进行。

第三，力求做到效果最大和费用最小。实行系统方法的最终目的，就是要实现最优化，也就是要多、快、好、省。不应因图书馆是搞"精神财富"的，而忽视了经济规律的应用。在当前图书馆人力、物力有限的条件下，更应注意发挥资源的最大潜力，争取做到花费最小而成效最大，使图书馆的工作效率大大提高一步。

什么叫作"系统""系统科学"？

要在图书馆中应用系统方法，必须首先理解什么叫"系统"。系统，就是由两个以上相互依赖、相互作用的部分，结合到一个预定的职能和目标上来，使之构成一个完整和有机的整体。这里强调的整体，是各部分所构成的整体，是各部分在整体中的协调，是各部分对整体的作用。图书馆作为一个系统来看，职能是传递文化科技知识，构成是采编、典藏、流通等。图书馆这个系统具有四个特性：

1.集合性。图书馆是由各部分集合而成的，缺了任何一个部分都不行。没有采购、分编，图书就到不了馆，进不了流通部分；没有典藏、流通，图书就上不了架，到不了读者手里。

2.相关性。构成图书馆的各部分，既不相同而又有联系。而且各部分间的工作，还往往有着连锁反应。如果分编出了差错，上架就不会上得正确，流通出纳必然受到影响。任何一环都不例外。

3.目的性。单一目的性不等于整体目的性。图书馆有图书资料、工具设备、运输装置等硬件，又有分编方法、信息文件、管理制度等软件。只有发挥各自的单一目的性，才能实现系统的整体目的性。

4.适应性。每个系统存在于一定环境中，因而也须随着环境变化而变化。图书馆为了保持最佳的适应状态，必须了解图书出版界的动态，了解本单位的任务和远景规划，了解读者对图书资料的要求。

系统科学，就是一门根据人们对系统的认识，对各组成部分分析、评价和综合，从而设计出一个最优的系统，并对之进行控制和加以管理，利用有效手段来实现目标的学科，要不要应用系统科学已如前述，但能不能应用系统方法是另一问题。我们认为，在图书馆应用系统科学是完全可能的，这是因为：一是图书馆本身是系统，是文化科技系统的组成部分，而本身又由若干分系统所组成，包括采编系统、典藏系统、流通系统等；二是图书馆有明确目标，即传播文化和科技知识，为教学和科研服务，把一定的书刊传递给一定的读者，迅速正确。三是图书馆有协调关系，各部分间的关系，不仅定性，而且很多定量，一个变量往往涉及另一个变量，如藏书量、进书量、流通量，三者之间有密切关系。因此，应用系统科学，既有必要性，又有可能性。

图书资料系统的合理建立

图书资料系统的具体建立，有一个科学的逻辑程序，就是先要有明确的目标，然后依目标去寻找办法，在许多方案的对比中，选出最优方案作决策。因此，要合理建立图书馆系统，必须严格遵循几个步骤。

现以中等规模的专业性图书馆为例，说明设计系统的必要程序：

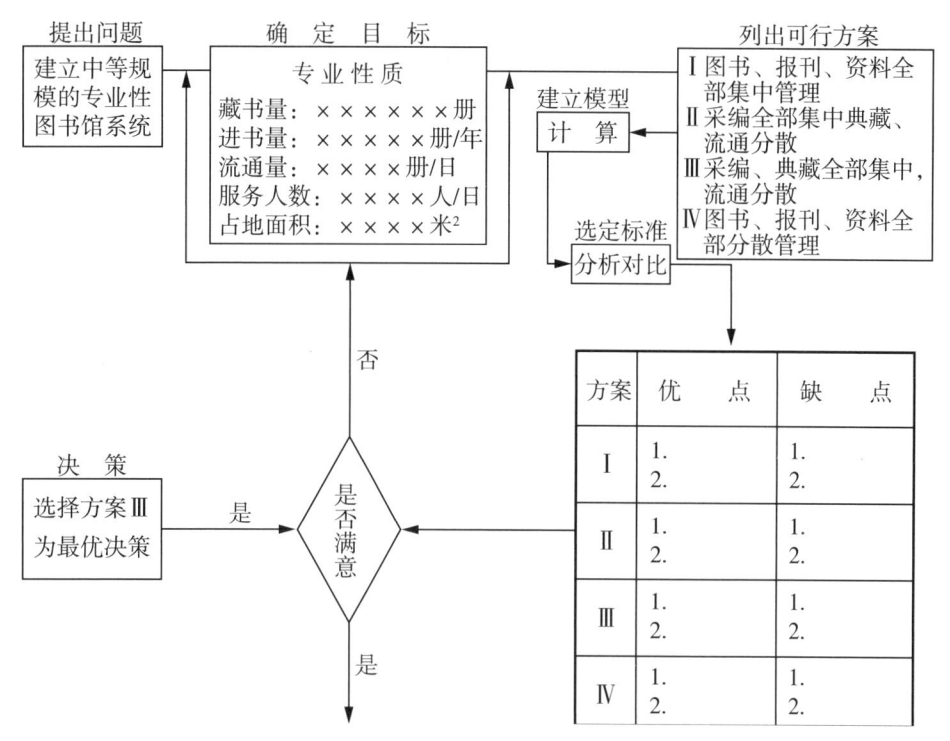

图 1　图书资料系统设计程序

1.确定目标。目标是由所提问题自然产生的,就是实现系统特定职能的目标。作为图书馆系统设定的目标,应该根据单位的现状和发展规模、一定期内文化科研的任务要求,以及图书馆本身的具体资料,包括专业性质、服务对象、藏书量、进书量、流通量等确定。

2.列出可行方案。有了目标,还要有达到目标的方案。图书馆系统的方案有多种多样。按管理体制,有集中管理、分散管理、两者结合;按采购制度,有各自一条龙,有全部大集中;按借书办法,有闭架借书、部分开架、开架借书;等等。

3.建立模型。通过模型,可以明确哪些部分是必要的,以及各部分间有哪些内在联系。模型通常有三种,即实物、图表、数学。实物和图表模型,一目了然,易于理解。数学模型采用一定的数学方程,表示一定的定量关系,主要有目标函数、限制条件。

4. 选定标准。对可行方案进行对比分析，必须有客观标准作基础。建立图书资料系统时，通常采用两类指标：一是耗费性指标，如投资费用、使用费用、采购成本等；一是收益性指标，如服务人数、流通指数、周转次数等。服务质量是一个重要指标，提得明确，计算合理。

5. 作出最优决策。决策就是对最优方案的选择。对各方案进行评价分析，对比其优点和缺点。例如，采用集中管理，有统一调配人力、物力的优点，但不能各取所长、因事制宜；而采用分散管理，有容易适应书刊特点的优点，但往往形成重叠，各成一套。应在对比分析后作出决策。

有了这个系统设计程序，不论是图书馆规模大小、业务性质和专门程度，对全过程或是部分过程，都可根据系统目标和要求，作出图书资料系统设计。现以中等规模的专业性图书馆为例，作出系统设计如图2。

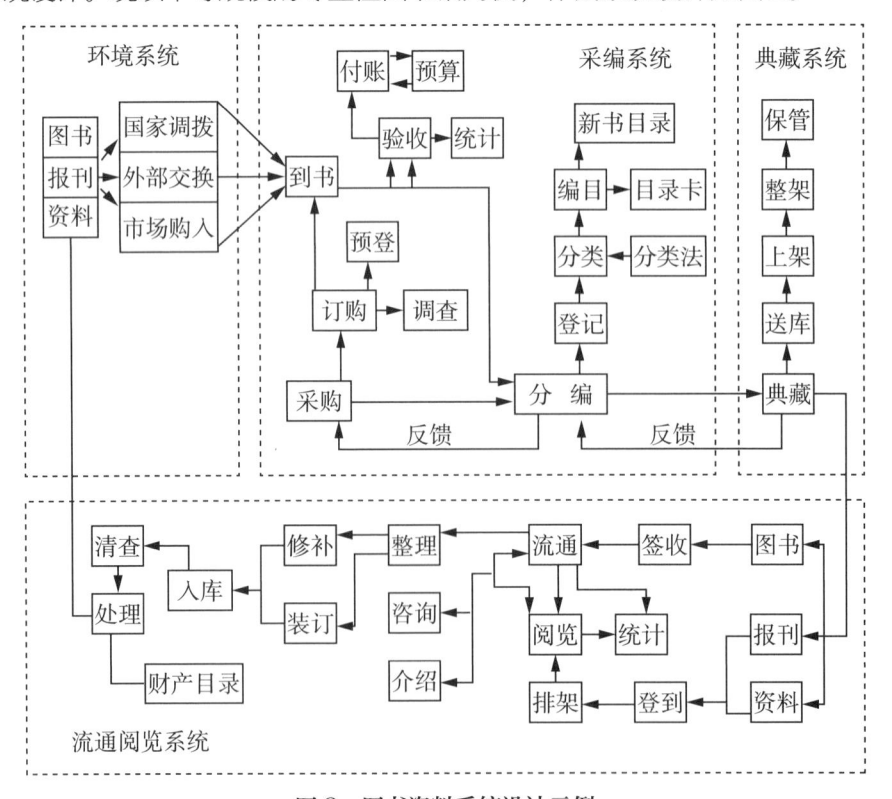

图2 图书资料系统设计示例

合理建立系统可为管理工作带来很多好处。首先，明确了图书馆内部系统与环境系统的关系，可使图书馆工作主动适应环境的变化，增加自觉性，减少盲目性。其次，确定了系统内部各环节之间的关系，有利于建立正确的分工和协作，促使整个图书馆工作的协调配合。最后，确立了图书资料正常处理的程序，有助于作业的科学分析和流程的合理安排，对于缩短周期、加速流通都是有益的。总的说来，要改进图书馆的工作效率，要提高对读者的服务质量，一个必要和起码的要求，是做到井井有条，不乱不丢，简易勤快，方便读者。

网络规划技术的广泛应用

网络规划技术简称网络技术，是一种先进的统筹方法，是系统研究的重要组成部分。它利用一种网络图的形式，按照规划预定的目标，合理组织和安排各项工作，求得实现流程的最优方案，以便有效控制进度和费用。图书馆是一个错综复杂的系统，要求分工细、协作广、效率高。如果事前安排不周、组织不严，就会造成互相脱节、各不协调，将使工作流程拖得很长，造成人力、物力大量浪费。

网络技术在图书馆中有着广泛的用途，可以应用到图书馆的各方面工作上去。从图书馆建设发展的大项目，到图书馆日常管理的小项目，包括新馆建设、老馆改造、机构设置、科研课题、流通路线、工作程序以至管理办法，几乎无一不可以采用和实行。但要满足几个条件：任务能分解、目标较明确、路线有定向、时间可定值。

现在，国外网络技术已经发展为很多形式了，其中用得较广而有成效的是关键路线法。它是一种针对肯定型状态，从若干可预知而稳定的因素中，探求关键路线来进行规划的方法。以下用图书馆基建与图书分编、流通为例，说明具体应用网络技术的主要步骤。

1. 分解作业。在明确系统目标的基础上，先把任务分解成若干作业。

要考虑这些作业是否必要？是否需要分开或可以合并？是否同时进行或先后衔接？弄清这些问题是绘制网络图的前提，要使整个流程合理化和标准化。

现以基建、分编、流通为例，将任务分解成若干作业如，图3所示。

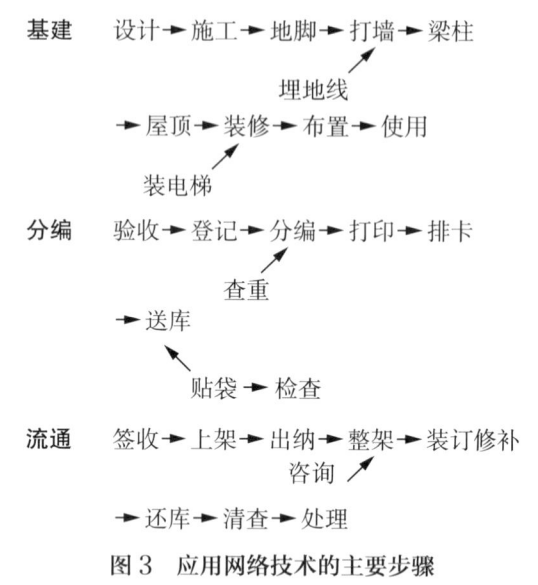

基建　设计→施工→地脚→打墙→梁柱
　　　　　　　　　　　　埋地线
　　　→屋顶→装修→布置→使用
　　　　装电梯

分编　验收→登记→分编→打印→排卡
　　　　　　　　查重
　　　→送库
　　　　　贴袋→检查

流通　签收→上架→出纳→整架→装订修补
　　　　　　　　咨询
　　　→还库→清查→处理

图3　应用网络技术的主要步骤

2.估计时间。正确确定各项时间值，是绘制网络图的关键。通常有四种时间值：

作业时间，指完成某一作业最低必要的时间，是其他各项时间的计算基础。

最早可能时间，指某一作业最早可能开始或完成的时间，是从起点到某一作业的开始，可能有几条路线，每条路线有个时间和，其中的最大值即是。

最迟必须时间，指某一作业最迟必须开始或完成的时间，是从终点逆方向到某一作业的开始，也可能有几条路线，每条路线也有个时间和，将关键路线的总时间减去其中的最大值即得。

时差，指某一作业最迟必须时间与最早可能时间之差，有时差表示有宽裕时间，无时差表示须立刻进行。

以上时间对每项作业都要计算。关键路线指占时最长各作业相连的路线，是决定整个流程周期时间的主要因素。

3.绘制图表。网络图由三要素构成，即以箭线"→"表示的作业或工作，箭线上部写成本数，下部写作业时间数。以圆圈"○"表示的开始和结束，每个结点必须注明序号。以圆圈和箭线"○→○"表示的路线和方向。以分编流程为例绘制网络图如图4所示，其他流程可按同理构成网络图。

图中：①验收②登记③查重④分编⑤打印⑥贴袋⑦排卡⑧检查⑨送库。时间按200本一般复杂程度书籍为单位测定，成本也按200本书籍为单位估算，包括直接费用和间接费用，但不包括书价本身在内。

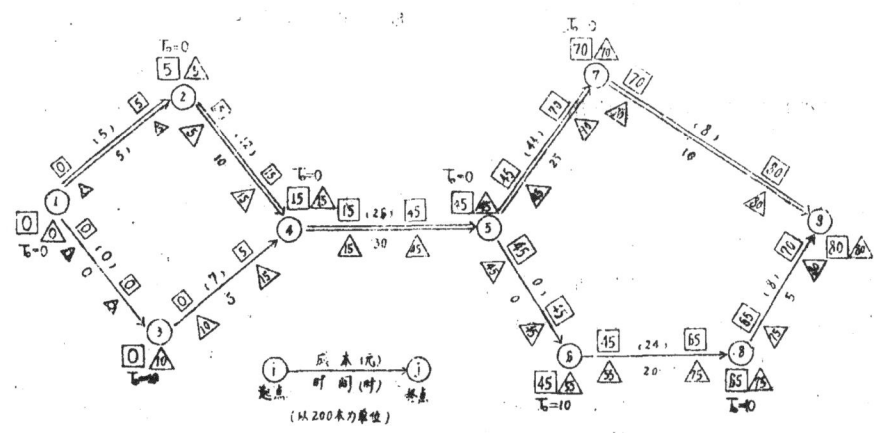

□ 最早可能开始（完成）时间；To 时差（最迟必须时间与最早可能时间之差）；
△ 最迟必须开始（完成）时间； ⇒ 关键路线（占时最长各作业相连的线）。

图4 图书资料分编流程网络图

必须指出，上述网络图不是一下子可以完善的，必须经过逐步优化，不断改进，才能最后达到最优化。在逐步优化中，要选择关键路线的作业，力求缩减其作业时间，又要使成本增长率最低，从而得出最优化的方案。

应用网络技术具有明显的效果。根据国外资料，周期时间可缩短20%，成本费用可节约10%以上。主要效果有：

第一，网络图反映各项工作间的相互关系，可以确定各项作业间的先后次序，以及每项作业对流程的影响。

第二，从网络图看出，哪些作业属于关键路线，必须确保按期完成，哪些作业有潜力可挖，可作出必要的调配。

第三，根据规定时间作出日程安排，并按工作量计算所需资源，对规划完成起保证和控制作用。

我们提倡要建立一个有效率的图书馆，采用科学的组织管理方法，应用系统科学就是重要方面。从当前说，改进管理比采用先进技术更重要，因为图书馆即使有了先进技术，没有科学的管理方法还是不行的。还应看到，许多方面还有大量的无效劳动，因而提高管理水平就更有必要。

实践证明，系统方法不仅有采用的必要，而且对图书馆是完全可用的。收效快，应用广，方法容易掌握，成果比较明显。特别值得提出的是：一不要费用，二不需条件，只要加强组织管理，改变工作方法。因此，我们希望系统科学更好地渗透到图书馆学中去，广泛地运用到图书馆工作的各个领域，为实现图书馆现代化作出应有的贡献。

喜看行政管理学百花园中一朵奇葩

——推荐唐代望编著的《现代行政管理学教程》*

从中共十一届三中全会以来，随着以城市为主的全面经济改革的深入开展，国家行政管理的科学化、法治化、现代化这个重要课题已经摆在我们面前了。为此，从中央到地方已经建立了不少行政管理学科基地，一个多层次、多形式、多渠道的行政管理教育的网络已初步形成，一批质量高的行政管理学专著也相继出版了。

唐代望同志编著的《现代行政管理学教程》一书，从1985年8月初版到现在的短短一年多，已经发行了6万多册，由于尚不能满足国内读者源源不绝的要求，作者正为该书重新订正，准备印第三次。

作者曾长期从事党政机关工作，从1982年起致力于行政管理学研究，曾在全国10多个省、市（区）进行授课讲学，该书为讲学的主要教材，内容丰富，反映良好。一般认为该书取材较新，实用性强，切合当今世界两大发展趋势，联系中国行政管理实际情况，能在坚持四项基本原则的前提下，突出行政管理改革方面的有益经验。全书叙述有层次、有重点、深入浅出、通俗易懂，对初学读者有很大的裨益，对在职干部也有阅读参考价值。

建设具有中国特色的社会主义行政管理学，是我们行政学界和行政界面临的一项艰巨的任务。为此，我们既要总结我国自己行政管理的丰富实践经验，又要尽可能吸收国外行政管理的有益经验。在这方面，我们不应

---

* 周世逑：《喜看行政管理学百花园中一朵奇葩——推荐唐代望编著的现代行政管理学教程》，《中国行政管理》1987年第6期。

局限于一般性的原理方法，更要注意收集应用性的案例分析。过去，我们对行政技术的新领域引用还很不够，对案例研究的新方法更是无人问津。作者倘能就这些方面多作些介绍和阐述，无疑将使读者获得更大范围的知识启迪和技术帮助。

我们喜看行政管理学这个百花园中的一朵奇葩的三度盛开——《现代行政管理学教程》的第三次重版。

为《美国行政管理危机》中译本写几句短语*

这本《美国行政管理危机》是反映美国行政学界为针对当今行政危机所作有关行政理论方面的再思考和新尝试。

原书作者 V. 奥斯特罗姆是美国印第安纳大学从事行政学研究多年的资深学者，他在完成以伦纳德·D. 怀特（Leonard D. White）为主流的研究生教育后，一直在为美国行政管理理论和实践做着不懈的再思考和新探索。他曾在美国几所大学和研究所从事范围广泛的有关行政方面的教学科研工作，并写过一些行政、城建、教育、法学、经济著述。尽管他的学术兴趣是多方面的、跨领域的，但他始终不渝地探求一个能超越美国传统行政观点的新构架。

多年来，在西方行政学科中占有重要地位的传统行政理论，其中包括 W. 威尔逊、M. 韦伯、L. 哥立克等人有影响的著作，在不断变化着的国际政治经济环境中受到来自各方面的挑战和激荡。西方行政管理这种危机的出现不是偶然的，它是各国经济基础的急剧变化，给各国上层建筑带来不适应性的必然结果。这是人们主观意志所无法逾越或改变的客观现实。摆在西方学者面前的迫切问题，是如何摆脱这个日益加深的行政管理困境。V. 奥斯特罗姆试图在林林总总的选择中，找出一个自认为能适应美国态势和要求的构想。他的构想是要冲出传统的自上而下的、以权力为中心的政府官僚机构，通过自组织、自管理的自治原则的渗透和体现，创造一个自下而上的能比较适应民主的行政管理体系，从而提出作为这种构架核心的

---

* 周世逑:《为〈美国行政管理危机〉中译本写几句短语》，载于 V. 奥斯特罗姆《美国行政管理危机》，江峰、刘霞、平平等译，北京工业大学出版社，1994，第 4-5 页。.

"民主行政"理论。这种论点其实早在美国"联邦党人"著述中就有,不过是近二十年来又被人们所热衷的行政思想,经过发展演变而成为当代西方行政思潮之一。由此,作者把它比喻作一种"哥白尼式的打弯"是可以理解的。

当前,我国正在进行一场意义重大、声势浩荡的行政改革。中国共产党第十四次全国代表大会报告指出,要下决心进行行政管理体制和机构改革。这既是政治体制改革的紧迫任务,也是深化经济体制改革的必要条件。因此,推行这场行政改革是90年代我国改革开放事业的一项重要任务。

我们行政改革深入的实践过程,也是行政理论深化的探索过程。这是因为实践离不开理论指导。为此,我们在着重研究中国国情的同时,也要了解、掌握国外行政动态,以便作出有分析的推介和参考。来自国外行政研究方面的各种动态可为我们提供信息、丰富知识、开拓思考、参考借鉴,这些都不能说是无益的、徒劳的,基于这点,《美国行政管理危机》中译本的问世,我相信是会有帮助的。

后记

值周世述先生诞辰110周年之际,我们先后从周先生的家人以及国内外有关单位机构等处收集整理周先生在不同时期的学术论著,出版了《周世述学术文集》。该文集凝聚了周先生的学术思想,是他留给我们的宝贵财富。

东华大学于1998年成立公共管理系,开始招收第一届行政管理本科生,是上海理工科类高校中较早开设行政管理本科专业的高校。在筹备建系建专业期间,公共管理系第一任系主任黄德良老师等曾登门拜访过周先生并得到周先生的赞同和勉励。东华大学行政管理专业从筹建到发展,离不开周先生的学术传统与影响。如今具有深厚学缘、学科功底、学科声誉的东华大学公共管理学科也在茁壮成长中。2021年东华大学人文学院和MPA(公共管理硕士)中心以70周年校庆为契机,以周先生的生平事迹和学术思想为主线,梳理其学术成果,挖掘其对构建中国特色行政管理学的重要观点和批判思考,于当年10月7日举办了"周世述与中国特色行政管理学科发展"学术研讨会。2022年12月,人文学院举办了"第二届周世述公共管理论坛:中国式现代化与公共治理"研讨会,就中国公共管理的理论发展、前沿实践、方法创新、学科建设等问题开展分享、对话与探讨,为探寻中国式现代化与公共治理创新提供经验与理论。2023年9月东华大学将举办"周世述诞辰110周年纪念暨周世述管理思想研讨会",并以《周世述学术文集》致敬先贤。在推进中国式现代化的新征程中,我们将不断深入挖掘并传承周先生的管理思想,弘扬周先生的学术精神和学术成果。

《周世述学术文集》的顺利出版，首先要感谢周世述先生的家人——周力女士、吴立岗先生、吴征先生授权提供的大量珍贵的周先生生平资料和学术成果。

感谢竺乾威和高小平两位老师为文集作序，让我们重温了周先生的学术思想和中国行政学的发展历程。

感谢公共管理与法学系系主任、东华大学 MPA 中心主任唐丽萍老师的倾情投入。她早在筹备 2021 年"周世述与中国特色行政管理学科发展"学术研讨会之前，就带领人文学院行政管理专业教师团队着手收集和整理周先生的论著。两年来持续征集、挖掘周先生的文章，并逐篇、逐段、逐字校对整理，投入了大量时间和热情。

感谢本科和研究生均就读于东华大学行政管理专业，毕业后留校工作的陈前老师，他对周先生相关的学术纪念活动一直怀着极大的热情，做了相当多的细节工作。

感谢姜云、高亦可两位硕士研究生，在周先生文章的收集和整理过程中做了很多基础性的工作。

东华大学人文学院

2023 年 8 月 15 日